S. DE LAPEYROUSE

Ancien Consul de France

MISÈRES OUBLIÉES

CALIFORNIE 1850-1853

AVENTURES ET SOUVENIRS D'UN CHERCHEUR D'OR

PARIS

MAURICE DREYFOUS, ÉDITEUR

13, RUE DU FAUBOURG-MONTMARTRE, 13

MISÈRES OUBLIÉES

CHAPITRE PREMIER

DU HAVRE A SAN-FRANCISCO

Ces impressions d'un voyage que je raconte après plus de trente ans écoulés, et que je ne crois pas que personne ait raconté avant moi, m'offrent un charme inexprimable et me remplissent d'une douce illusion. Mes souvenirs m'apparaissent comme de chers amis qu'on retrouve après une bien longue absence et qu'il semble n'avoir jamais quittés. Oui, je les revois tels que je les ai laissés au départ. J'ai vieilli, eux sont toujours jeunes !

Ceux de mes contemporains sur la tête de qui le Temps a jeté, comme dit Boileau,

> ....avec ses doigts pesants,
> Onze lustres entiers surchargés de trois ans,

se rappelleront aisément l'extraordinaire émotion dont fut agité le vieux Monde quand il apprit en 1848 que le colonel Sutter et ses

S. DE LAPEYROUSE

MISÈRES OUBLIÉES

CALIFORNIE 1850-1853

SOUVENIRS D'UN CHERCHEUR D'OR

PARIS

MAURICE DREYFOUS, ÉDITEUR

13, RUE DU FAUBOURG-MONTMARTRE, 13

MISÈRES OUBLIÉES

Indiens avaient découvert, dans les vallées de la Californie, des nappes d'or presque à fleur de terre, ce qui fut d'ailleurs exactement vrai pour les premiers arrivés.

Ce fut une étincelle électrique qui vint frapper toutes les imaginations. Le dernier des va-nu-pieds aussi bien que l'homme du monde déclassé ou ruiné, ne rêva plus que fortune gigantesque et facile, puisque, prétendaient les stupéfiants rapports, il n'y avait qu'à se baisser pour en prendre. De là, cet amalgame prodigieux d'individus de toutes les nations qu'on constata sur le sol Californien, surtout pendant les dix premières années.

Les prolétaires, ce que j'appellerai le menu fretin de ces bandes d'aventuriers, s'adressèrent, avec une confiance digne d'un meilleur sort, aux nombreuses compagnies d'émigration qui s'étaient aussitôt formées et qui devaient les transporter, moyennant un prix modéré, en leur fournissant même les outils nécessaires. La *Ruche d'or*, la *Bretonne*, et dix autres sociétés, ne purent bientôt plus suffire, en France, à l'encombrement des demandes et il est probable qu'elles réalisèrent de gros bénéfices. Je me hâte de dire, pour ne plus y revenir, que ces contrats donnèrent naissance à beaucoup de plaintes et de difficultés, et que je n'ai pas connu une seule agglomération de mineurs, parvenus en Californie par l'entremise de ces agences, qui ne se soit démembrée tout à fait au bout de quelques mois à peine. J'ai du reste vingt fois observé, dans mes longues courses à travers le monde, le manque absolu d'entente qui a toujours caractérisé toute association de Français à l'étranger. Il me serait très aisé, par l'expérience, d'en déduire les causes, si ces explications ne s'écartaient pas de mon cadre.

Quant aux gens, je ne dirai pas plus intelligents, mais plus instruits et mieux élevés, ce fut individuellement et à leurs propres frais qu'ils s'expatrièrent, généralement du moins.

Pour moi, j'arrêtai mon passage, au prix de quinze cents francs en première classe, sur l'*Anna*, un magnifique voilier de mille tonneaux, commandé par le capitaine Barbel et appartenant à MM. Perker et fils, les riches armateurs du Havre.

Bien des ennuis précédèrent notre départ.

Depuis plus de trois semaines, la Manche était secouée par une interminable tempête du sud-ouest et il ne fallait pas songer à quitter le bassin du Commerce avant qu'elle fût un peu calmée. Or, les armateurs ne devant la nourriture des passagers qu'une fois en mer, les émigrants qui ne voulaient pas entamer le très maigre pécule qu'ils avaient en réserve, assaillaient journellement les bureaux de MM. Perker pour en obtenir soit le départ immédiat, malgré les dangers qu'il offrait, soit l'entretien matériel à bord. De regrettables scènes se produisirent, et le capitaine Barbel fut surtout pris en haine pour le refus obstiné qu'il opposa aux obsessions des émigrants, ne voulant pas, en marin expérimenté, prendre charge de tant d'âmes en présence d'un temps aussi démonté, selon l'expression du métier. On verra plus tard comment ces dispositions hostiles se manifestèrent dans une circonstance bien pénible pour cet excellent officier.

Enfin, nous pûmes mettre à la voile le 30 novembre 1850. J'avais pour compagnon de voyage un de mes anciens condisciples de Toulouse, mon cher ami Sophrone S..., que je fus si heureux de retrouver plus tard à Paris.

A peine sortis du port, nous trouvâmes la Manche encore excessivement houleuse et grosse, et notre début maritime ne manqua pas d'émotions.

J'étais sur le pont, le cigare crânement à la

bouche, le jarret tendu et regardant fuir à l'horizon les côtes de France. Cette martiale attitude
ne dura pas longtemps, devant l'intensité du
tangage. J'avais beau me raidir contre l'approche de l'ennemi que je sentais, mes jambes
faiblissaient, un écœurement inconnu m'enva-
hissait, ma tête semblait tourner, et je jetais
par dessus le bord des regards inquiets. Au
moment où mon malaise atteignait son apogée
et où je m'apprêtais à prendre, sur le bastingage,
une pose gracieusement inclinée, un vieux loup
de mer me dit en passant près de moi :

— Eh bien ! jeune homme, il parait que ça
ne va pas !

Je me retournai vers le brave homme d'un air
ahuri qui devait être fort drôle, car il se mit
largement à rire et ajouta :

— Allez, on n'en meurt pas !... Il y a même
un moyen de se guérir vite...

Je me contentai, pour toute réponse, d'une
pantomime expressive, car je crois que si j'avais
ouvert la bouche, mes paroles en seraient sorties
avec..... accompagnement.

— Tenez, continua-t-il en m'attirant vers la
claire-voie qui ouvrait sur le carré-salon des premières... Regardez le tas de bonnes choses que
voilà sur la table et ces jolies bouteilles si enga-

geantes... Eh ! bien, descendez là-dedans, asseyez-vous, et tapez ferme sur la victuaille en l'arrosant copieusement... Vous m'en direz des nouvelles !... Vous serez peut-être plus malade après, mais si vous avez un estomac vigoureux, ce sera probablement fini pour toujours !... C'est le système de l'*orméopartie*, comme disent les savants...

Je suivis ce conseil, et parvenu à grand'peine dans le carré, tant mes forces étaient anéanties, j'engageai une lutte acharnée avec le lunch choisi qui était servi à tous les passagers indistinctement, à cause de la solennité du départ, et après avoir asséché une fiole entière de Madère, j'ingurgitai coup sur coup quatre ou cinq verres de Rœderer, puis je remontai gaillardement sur le pont, en fumant un énorme panatellas. L'effet de ce repas pantagruélique ne se fit pas attendre, hâté par les atroces secousses du roulis qui avait succédé au tangage. Je n'eus que le temps de me précipiter vers la lisse, et plus magnifique que le Doge de Venise qui, du haut du Bucentaure, se contentait de jeter un simple anneau dans l'Adriatique, moi, des haubans de l'*Anna*, je lançai résolument, dans la Manche, tous les trésors que je venais d'enfouir au plus profond de mon être. Quelle générosité, n'est-ce pas, et n'était-ce point vraiment trop avoir le *cœur sur la main ?*

L'héroïque remède de mon vieux matelot, qui consistait tout bonnement à se tenir l'estomac bien lesté et souvent, eut un tel succès sur ma personne que je n'ai plus connu le mal de mer, bien que j'aie parcouru plus de vingt-cinq mille lieues sur ce perfide élément.

Quand nous eûmes franchi les eaux de la Manche, ce que les marins appellent *Déman-cher*, nous trouvâmes une navigation plus douce jusque par le travers du golfe de Gascogne où une tempête fort dure nous assaillit tout à coup. Nous courûmes un moment un réel danger, un marin fut emporté par un coup de mer et notre gouvernail fut brisé par les assauts répétés des vagues en furie. Avec des peines infinies, on put heureusement en établir un provisoire qui nous permit de nous tirer de ce mauvais pas.

Au moment où le péril paraissait le plus grand, je descendis dans la cabine d'un passager avec lequel je m'étais promptement lié et qui se nommait Emile Amouroux. Depuis le Havre il n'avait pas quitté sa couchette, terrassé par ce même mal de mer dont je m'étais si vite débarrassé, quoi qu'il fut d'une constitution au moins aussi robuste que la mienne.

— Emile, lui criai-je, lève-toi, nous sommes en danger... Il faut monter sur le pont pour être prêts à tout hasard...

Je n'oublierai jamais sa réponse.

— Je m'en f..., fit-il d'une voix dolente... Tu me dirais que le navire s'entrouvre que je ne ferais pas un pas pour me sauver... Je souffre trop !

On voit combien les effets de ce mal, dont on rit souvent, varient selon les personnes, puisqu'ils peuvent amener jusqu'au dégoût de la vie.

Jusqu'à l'Équateur, rien à signaler. Là, un calme plat nous arrêta quinze mortels jours. L'Atlantique était si tranquille que nous retrouvions le lendemain, le long du bord, les plumes, les bouts de papier, les morceaux d'étoupe que nous y avions jetés la veille au soir pour nous convaincre de l'immobilité du navire. Les journées se passaient alors à tailler de continuels baccaras, souvent meurtriers, et une partie des nuits à dormir sur la dunette ou à écouter les romances qu'un passager chantait avec assez de goût, en s'accompagnant de la guitare.

Je ne parle pas d'intrigues passablement piquantes, ma foi, qui s'étaient nouées dès le début de notre traversée et qui étaient alors en plein épanouissement, car nous possédions un assez joli stock de femmes plus ou moins mariées. L'un de nous eut un jour, à propos de son Hélène, une discussion fort vive avec un passager auquel, comme dernier argument, il appliqua un maître soufflet. On devait se transpercer mutuellement à l'arrivée à Valparaiso, mais l'affaire s'arrangea, chacun gardant ce qu'il avait, l'un la beauté cause du débat, l'autre sa gifle magistrale.

Les vents alisés s'étant enfin mis à souffler, nous pûmes sortir de notre engourdissement et continuer notre route.

Nous approchions des îles Malouines, quand une bien regrettable échauffourée éclata à bord. C'était le 24 février 1851, et les passagers de 3e classe, gens pour la plupart de la pire espèce, s'étaient mis en tête de célébrer à leur façon cet anniversaire de la révolution de 1848. Depuis plusieurs jours, dans cette intention, toutes les rations d'eau-de-vie avaient été soigneusement conservées, et un punch immense fut allumé au milieu même de l'entrepont, au risque de mettre le feu aux membrures du bâtiment que la flamme venait à chaque instant lécher profondément. Le capitaine Barbel, prévenu du danger terrible que nous courions, descendit aussitôt au milieu de ces forcenés pour leur faire entendre raison. On se jeta sur lui, on déchira ses vêtements, on le frappa même avec violence, car lorsqu'il reparut sur le pont, sa figure était inondée de sang. Il fallait pourtant empêcher la possibilité d'une catastrophe. Nous prîmes une prompte et énergique résolution, et comme, tant aux premières qu'aux deuxièmes, nous étions une soixantaine d'hommes bien armés, nous nous réunîmes, et avec l'adjonction des dix-neuf matelots de l'équipage, nous formâmes une troupe à peu près égale en nombre aux enragés qu'il s'agissait de maîtriser. Tous ces mauvais gars, en voyant la coalition qui se préparait contre eux, s'étaient massés sur l'avant de l'*Anna,* tandis que notre groupe en occupait l'arrière. On voit d'ici cet effroyable tableau : un navire en pleine mer, à cinq cents lieues de toute côte, deux cents hommes exaspérés, divisés en deux camps ennemis et prêts à se ruer les uns sur les autres ! Le capitaine Barbel s'avança pour sommer les mutins de déposer leurs armes et de redescendre dans l'entrepont ; il fut accueilli par une bordée d'injures. Nous allions en venir infailliblement aux mains, lorsque l'abbé Dumiel

se jeta entre nous et parvint, par ses supplications
et ses courageux efforts, à prévenir une collision
sanglante dont les conséquences eussent été incalculables pour tous. Ce vénérable prêtre, qui
semblait plus qu'un autre prédestiné par son
nom à la douceur évangélique, et qui se rendait
en Californie pour prêcher les Indiens, était
universellement aimé à bord, et son interven-
tion providentielle nous évita certainement les
plus grands malheurs. A sa voix, les rebelles
consentirent à remettre leurs armes à feu, et
l'on peut croire qu'elles furent soigneusement
enfermées dans la Sainte Barbe jusqu'à notre
arrivée à destination. Je retrouvai plus tard le
bon abbé Dumiel; il avait obtenu, de l'évêque
de Monterey, la petite cure de Santa-Clara, près
de San-Jose, au fond de la baie de San-Francisco. Maintenant, si l'on se rappelle que j'ai
dit, en commençant, que le capitaine Barbel
s'était attiré l'animosité des émigrants de bas
étage par son refus de partir avant que le dangereux coup de vent qui soufflait dans la Manche
n'eut cessé, on comprendra que cette rancune
dût entrer pour beaucoup, à coup sûr, dans les
mauvais traitements qu'il eut à subir de la part
de ces misérables.

Après les Malouines, nous atteignîmes l'île

des États qui n'est séparée de la Terre de Feu
que par un mince détroit, et nous mouillâmes
pour réparer nos manœuvres et nous préparer
au passage du cap Horn. C'est une île absolument déserte, refuge d'innombrables oiseaux
de mer. Plusieurs de nous désiraient en tirer
quelques uns et je fus député vers le capitaine
Barbel pour lui demander la permission d'aller
à terre. Après quelque hésitation, il nous l'oc-
troya, et appelant le second du navire, le capitaine Delabarre, il le chargea de nous accompa-
gner avec quatre rameurs. Nous avions déjà
abattu un certain nombre de poules d'eau et de
pingouins, lorsque, avec une rapidité fou-
droyante, un formidable brouillard s'éleva dont
l'opacité était telle que nous ne voyions pas
le bout du canon de nos fusils. Nous devions
cependant regagner *l'Anna*, car notre temps était
limité et l'on ne devait pas tarder à lever l'ancre.
Pour commencer, nous eûmes déjà beaucoup de
peine à retrouver notre canot, et il nous fallut,
en tâtonnant et en poussant de forts appels,
rebrousser le chemin que nous avions fait le
long du rivage. Nos hommes finirent par nous
entendre et nous pûmes nous réembarquer.
Mais alors ce fut bien autre chose. Nous na-
gions à l'aventure, tirant des coups de feu par

intervalles, dans l'espérance qu'on nous entendrait du navire et qu'on nous répondrait. Mais le brouillard, le plus mauvais conducteur du son qui soit connu, avait encore augmenté et nous enveloppait de toutes parts dans un froid et blanc manteau. Depuis plus de deux heures nous nous épuisions en inutiles efforts et notre position devenait extrêmement critique, car un coup de vent subit, comme on en éprouve tant dans ces dangereux parages, pouvait éclater qui eut forcé le capitaine Barbel à prendre le large précipitamment pour ne pas être brisé sur cette côte inhospitalière, et à nous abandonner à une fatale destinée. Tout à coup, une baguette de fusée vint tomber, par un hasard étrange, juste au milieu de nous. Il était dès lors évident que l'*Anna* n'était pas éloignée et qu'on y avait compris le péril que nous courions. Enfin, une lueur assez rapprochée déchira le rideau épais qui nous dérobait encore le navire et nous pûmes apercevoir le haut de sa mâture. Quelques minutes après, nous escaladions l'échelle, tout transis et grelottants, jurant, mais un peu tard, qu'on ne nous y prendrait plus.

Nous nous présentâmes enfin devant le cap Horn. Le vent ne soufflait malheureusement pas du sud-est, et sans son aide nous ne pouvions pas le doubler. Il fallut donc longtemps louvoyer et lutter contre les deux énormes courants qui se rejoignent à la pointe de l'Amérique Méridionale. Nous dérivions considérablement vers le pôle Austral et le froid devenait si intense qu'après le lavage de chaque matin le pont du navire se couvrait rapidement d'une couche de glace. Nous eûmes pourtant la satisfaction de voir arriver la brise favorable, et nous pûmes, en refaisant bonne route, rattraper le temps perdu et entrer dans l'Océan Pacifique.

C'est dans ces latitudes qu'abondent les oiseaux de mer les plus curieux, les damiers, les mauves, les paille-en-culs, les alcyons et principalement les gigantesques albatros. Nous tuâmes quelques-uns de ces derniers au fusil chargé de chevrotines, mais c'est surtout à *la traine* que nous en prîmes un grand nombre. On attachait un morceau de viande gâtée au bout d'un grelin terminé par un crochet en fer, et on lançait le tout à la mer, du haut de la dunette, par l'arrière du navire. Ces voraces animaux, après avoir un moment tournoyé au-dessus de l'appât tentateur, s'abattaient sur lui et l'engloutissaient dans leur bec énorme. Il ne s'agissait plus que de les hisser à bord, ce qui était encore assez malaisé, vu leur très grande

force de résistance. Les matelots excellent à
dépouiller ces oiseaux et font, avec les os de
leurs ailes, de longs tuyaux de pipes polis
comme de l'ivoire, et, avec leurs pattes palmées,
des blagues à tabac fort originales, qu'ils ven-
dent ensuite aux passagers. Il va sans dire que
chacun de nous en avait une collection complète.

Au bout de quinze jours d'une navigation
paisible, nous jetions l'ancre dans la rade de
Valparaiso. C'était le jeudi saint, 7 avril 1851.

Je ne sais, après tant d'années, ce qu'est de-
venue cette jolie ville ; elle a sans doute suivi
la progression ascendante de tant d'autres ci-
tés et doit être de nos jours un des centres les
plus brillants de l'Amérique du Sud. A cette
époque, elle offrait, vue de la mer, l'aspect le
plus pittoresque. Elle s'étendait sur une étroite
bande de terre qui courait le long du rivage et
se reliait aux premiers contreforts des Andes ;
là étaient les beaux quartiers des Administra-
tions et du Commerce. Au fond, les faubourgs
s'élevaient en amphithéâtre, habités par une
population pauvre et fainéante.

On se figure facilement avec quel empressement, après plus de quatre mois de traversée,
nous quittâmes l'*Anna* pour aller nous instal-

ler à terre, car le capitaine nous avait prévenus qu'il ne comptait pas remettre à la voile avant une douzaine de jours qui lui étaient nécessaires pour réparer son navire et faire de nouvelles provisions. C'était pour les armateurs une assez forte économie, car la plupart des passagers de 1re et 2e classe ne revinrent qu'au moment du départ; seuls, les émigrants de l'entrepont, tout en descendant fréquemment en ville, continuèrent à prendre leurs repas à bord.

Du débarcadère, nous courûmes au café de la Bolsa qui devint bientôt notre point de rendez-vous général pendant tout notre séjour.

Un de ces *Chulos*, toujours à l'affût des fantaisies ou des besoins des voyageurs et qui nous suivait depuis le quai, s'approcha alors d'une table où j'étais assis avec Sophrone, Émile Amouroux que nous étions parvenus à déraciner de sa couchette, le comte de Saint-Seny, son fils Albéric, et quelques autres camarades, et prenant son air le plus aimable :

— Illustres seigneurs, fit-il, si vous avez besoin d'un respectable logis où *rien ne vous manquera* — et en disant ces mots *Donde nada le faltara a Ustedes,* un sourire très significatif lui venait aux lèvres — j'aurai l'honneur de vous conduire à la maison de Doña Eusébia.....

On y est très accommodant et les prix sont à
la portée de toutes les bourses... Je vais prendre les devants...

— Prévoyant ami, lui répondis-je en sa langue, quand le besoin du *rien* dont tu parles se
fera sentir, nous saurons bien trouver ce qu'il
nous faudra, sois en sûr... *Va usted con Dios !*
ajoutai-je en lui montrant péremptoirement la
porte et en lui jetant un quart de piastre.

C'est tout ce que le quidam demandait et il
se hâta de déguerpir pour aller recommencer
sa petite industrie auprès d'autres passagers.

Nous sortîmes de la Bolsa pour nous mettre
en quête d'un bon hôtel, et tous renseignements
pris, nous choisîmes la Posada del Chile.

Le reste de la journée se passa à visiter la
ville et ses nombreuses églises. Ce qui nous
charma le plus, dans notre tournée, ce fut le
jardin botanique, situé Plaza del Almendral et
fondé par un français du nom d'Abadie. On y
trouve la flore du monde entier et toutes les
essences d'arbres, même ceux des pays les plus
septentrionaux. C'est une merveille d'élégance
et d'aménagement bien entendu.

Nous avions le projet de faire, le lendemain,
une partie de cheval à la vallée de la Sora qu'on
nous avait beaucoup vantée et nous n'oublia-

mes pas d'aller commander nos montures avant
de rentrer à la Posada pour le dîner, nous ré-
servant pour le soir de diriger nos investiga-
tions du côté du quartier de San-Francisco,
célèbre par ses médianoches, ses bals ouverts à
tout venant, ses guitarristes, ses manolas et
l'hospitalité empressée qu'elles vous offrent, non
pas toutefois à la mode écossaise, mais à des
conditions cependant très douces.

Nous n'eûmes pas en effet à nous repentir
de notre promenade nocturne. Nous n'eûmes
que le choix entre cinquante *ventorillos* plus
ou moins élégants. Nous entrâmes un peu partout, dansant, chantant, buvant au bout d'un
long tuyau en paille sucé sans interruption, et
toujours le même, par toutes les bouches à la
ronde, cette insipide imitation de thé que les
Chiliens appellent *mate* et qui ressemble tout à
fait à notre camomille.

Tant que ce n'étaient que les jolies lèvres des
brunes niñas qui aspiraient le fade breuvage,
nous y allions gaiement après elles; mais quand
nous voyions ce satané tuyau sortir d'entre les
dents d'un caballero puant l'ail et l'aguardiente,
nous trouvions toujours un prétexte pour passer le régal à notre voisin.

Je venais d'esquisser une *Zamacueca* assez

réussie pour un novice, quand ma danseuse, que je reconduisais à sa place, me dit en me glissant une clef dans la main :

— Cavalier, reviens à une heure, mon frère sera parti !...

Et elle me désignait de l'œil un grand gaillard que j'avais déjà remarqué et qui me semblait faire les honneurs du logis, aidé par une matrone aux lèvres ombragées.

Passablement intrigué par ce début d'aventure, je fis signe à Manuelita, c'était le nom de mon engageante Chilienne, que j'attendais d'autres explications. Elle profita d'un moment où son frère, après avoir roulé une cigarette, allait la fumer sur le pas de la porte de la rue, pour m'apprendre que le *ventorillo* lui appartenait, mais que tous les soirs, après sa fermeture, il rejoignait une troupe dont il était le chef et qui se livrait à une contrebande active et souvent dangereuse.

— Il ne faut pas que Pablo se doute de quelque chose, parce que j'ai un *novio* !...

— Ah ! vous êtes fiancée ! fis-je agréablement flatté de la préférence.

— Oui, avec son lieutenant Ramon... Il a beaucoup d'onces !

Ce naïf aveu jeta un froid subit sur ma nais-

sante bonne fortune et je crus prudent de révé-
ler à Manuelita que mon système monétaire
différait essentiellement de celui du señor
Ramon et que je comptais par unités infiniment
plus modestes.

— Oh ! je ne te demande rien, reprit-elle
avec feu... Rien que de l'amour !

J'étais assez en fonds de cette monnaie pour
satisfaire aux appétits de Manuelita et je lui
promis d'être exact à l'heure dite. Mais avant
de la quitter, je lui adressai une dernière question.

— Et cette grosse señora qui est assise près
du mandoliniste ?...

— Ne t'en inquiète pas... C'est ma mère !

Aimable enfant ! Je ne me souviens que fort
vaguement des doux instants passés dans sa
chambrette, mais en revanche je n'oublierai
jamais qu'après avoir dépouillé le dernier voile,
comme disent les grands stylistes, et avant
d'éteindre sa fumeuse lumière, elle retourna
prestement du côté de la muraille les cadres
de toutes les images de sainteté qui ornaient
son réduit. Nous étions, en effet, dans la nuit
du vendredi saint ! O pudeur, où allais-tu te
nicher ?

Le lendemain, nous sortions de la Posada

del Chile, où je n'étais rentré qu'à une heure
fort avancée, et nous nous dirigions vers l'écu-
rie de notre loueur de chevaux d'où nous devions tous partir ensemble pour notre excursion
de la vallée de la Sora ; il était six heures du
matin. Je marchais gaiement au milieu de la
rue de la Aduana, la plus large de Valparaiso,
donnant le bras à Sophrone, quand soudain
nous entendîmes sous nos pieds un bruit formidable, pareil au roulement assourdissant que
produirait, sur une chaussée pavée, le défilé
de plusieurs batteries de grosse artillerie, et
presque aussitôt une commotion horrible fit
tressaillir toute la ville. C'était un tremblement
de terre, phénomène inconnu pour nous et qui
nous glaça d'effroi. Devant nos yeux, et de
chaque côté de la voie, un nombre énorme de
maisons s'effondrèrent. Nous prîmes notre
course, affolés, vers le débarcadère, assez proche, juste au moment où derrière nous une
église s'écroulait en barrant entièrement le passage de la rue. A cette heure matinale pour ce
pays indolent, la plupart des habitants dor-
maient encore ; plusieurs milliers d'entre eux
ne se réveillèrent plus ! Ceux qui purent s'é-
chapper des ruines de leurs demeures, se préci-
pitèrent, en poussant des cris de terreur, vers les

places et les carrefours, et formèrent autour des
croix, qu'on rencontre partout dans la ville,
des grappes vivantes de désespérés. Les femmes surtout, presque nues, échevelées, élevant
leurs enfants sur leurs bras, pour les présenter
à la protection divine, offraient un de ces spec-
tacles d'une indicible horreur dont le souvenir
se grave pour la vie dans la mémoire.

J'ai, depuis cette époque, assisté à un grand
nombre de ces lugubres drames. Pendant huit
ans de séjour au Japon, j'ai pu en compter
deux ou trois par mois, mais assez bénins pour
que j'en prisse l'habitude. Récemment encore,
à Malaga, mon dernier poste consulaire, j'ai été
témoin d'une série de tremblements de terre,
— cinquante-deux en quatre mois, — dont
quelques-uns furent excessivement intenses et
firent malheureusement beaucoup de victimes.
Mais jamais aucun de ces cataclysmes ne n'im-
pressionna comme celui de Valparaiso, ce fatal
jour du vendredi saint de l'an 1851. Un détail
significatif pour finir : une montagne assez
haute, nommée le Savero, à la base de laquelle
s'élevaient en gradins les quartiers pauvres et
où passait la route nationale conduisant à San-
tiago, capitale de la République, fut fendue
jusqu'au tiers de son altitude et ne présenta

plus désormais qu'une immense brèche ayant la forme triangulaire d'un gigantesque V.

— Eh ! bien, le croirait-on ? Notre premier moment d'épouvante passé, nous ne pensâmes plus qu'à notre cavalcade, et bientôt nous galopions, insouciants au milieu de la désolation générale, sur la route de la Sora. Bel âge, où les plus vives émotions sont souvent si fugaces, c'est pour toi qu'Horace a sans doute buriné son immortel *impavidum ferient ruinæ*.

Le terme de notre relâche étant arrivé, le capitaine Barbel nous fit prévenir que l'*Anna* appareillerait le soir même.

Rien de bien particulier ne marqua la suite de notre voyage, et sans la pêche aux requins qui nous divertit beaucoup, nous n'eussions jamais su comment occuper notre temps pendant ces longs jours brûlants de la mer Pacifique. Le baccara était mort faute de combattants, et les habiles, pour ne pas les qualifier autrement, qui nous avaient mis à sec, — et il va sans dire que Sophrone et moi nous étions de ce nombre — ne se montraient plus d'humeur, à la veille d'arriver au port, à nous donner une revanche.

Pour prendre le requin, on employait le même procédé que pour l'albatros, c'est-à-dire,

qu'au bout d'un fort câble armé d'un solide
crampon, on fixait un gros morceau de lard
avarié et qu'on laissait traîner l'appareil à l'arrière du navire. Bientôt apparaissait la bête
vorace, précédée invariablement, à un demi-
mètre de distance, par un petit poisson très
frétillant et bien nommé, *le Pilote*. De la dunette, on retirait l'appât au fur et à mesure que
le requin s'en approchait, de manière à exciter
davantage son avidité, et au bout de quelque
temps de ce manège, quand l'animal commençait à se retourner lentement sur le côté, — car il offre cette particularité que sa
mâchoire inférieure étant beaucoup plus courte
que la supérieure, il ne peut saisir sa proie
d'emblée, — on lâchait tout ce qui restait du
câble. L'effet ne tardait pas à se produire, et le
requin, pour se débarrasser de l'énorme hame-
çon qu'il avait avalé, se mettait à battre l'eau
avec des bonds furieux. Il fallait alors plusieurs
hommes pour le tirer à bord, et là le véritable
danger commençait. Le matelot le plus agile
et le plus adroit se tenait près du bastingage,
une hache d'abordage bien tranchante à la
main, et dès que l'animal, après avoir franchi
la lisse, retombait lourdement sur le pont, il
lui coupait, avec la rapidité de l'éclair, sa re-

doutable queue, dont la moindre atteinte aurait suffi pour vous casser quelque membre. La chair du requin, qui ressemble assez comme goût à celle de la raie, est exécrable et abominablement coriace. Nous voulûmes en tâter, et le maître-coq de l'*Anna* en servit un jour, au dîner, un plat savamment confectionné. Malgré tout son talent, ce mets insolite fut trouvé repoussant et envoyé au poste de l'équipage, qui moins raffiné, s'en lécha les doigts. J'ai conservé une canne fort curieuse faite avec l'épine dorsale d'un de ces squales.

CHAPITRE DEUXIÈME

SÉJOUR A SAN-FRANCISCO

Ce fut le 13 juin 1851 qu'après avoir dépassé l'étroit goulet nommé Golden Gate (Porte d'or) qui débouche dans la baie de San-Francisco, nous y faisions notre entrée solennelle aux hurrahs étourdissants de tous, passagers et équipage. Bientôt nous étions en face de la ville et nous jetions l'ancre près de Goat Island (l'île aux chèvres), à quelques encablures du Long Wharf. Il y avait juste six mois et demi que nous avions quitté la France.

On a dit de la rade de Rio-Janeiro que tous les vaisseaux de l'Univers pourraient y manœuvrer à l'aise. Je réclame pour celle de San-Francisco et je prétends que non seulement toutes les flottes de l'Univers, mais encore celles de *mille autres lieux,* comme chante Fontana-rose dans le *Philtre,* y évolueraient facilement ;

c'est assez indiquer quelle est son immense
étendue. Et si j'ajoute qu'elle a sur sa rivale,
qui est fort découverte, le précieux avantage
d'être englobée dans une ceinture de montagnes et de recevoir dans son sein les eaux de
plusieurs rivières, on n'hésitera pas à la pro-
clamer la merveille de toutes les baies connues.

A part le splendide décor qui l'entourait, San-
Francisco n'offrait pas, au début, un aspect bien
remarquable. Ce n'était qu'une succession de
collines presque nues, au sol profondément
sablonneux et aux environs desquelles commençaient à peine à surgir quelques maigres cons-
tructions en planches. Au bas s'étendait une
zône un peu moins montueuse où se dévelop-
paient rapidement les quartiers principaux ;
mais c'était surtout sur le rivage que tout le
mouvement s'était concentré. D'immenses quais,
bâtis sur pilotis et nommés Wharfs, s'avançaient
dans la baie jusqu'à une distance considérable.
C'était là, qu'à l'arrivée des navires, se con-
cluaient tous les marchés, que se faisaient tous
les engagements d'employés, et que la prodigieuse activité de toute cette population exotique
trouvait l'aliment qui lui était nécessaire. Ces
Wharfs disparurent plus tard et devinrent des
rues superbes et bien alignées, grâce aux mira-

cles opérés par les ingénieurs Américains qui déplacèrent les monticules arides qui environnaient la ville pour en combler la rade et y improviser une seconde terre ferme. A partir de ce moment, le riche commerce et les élégants établissements publics se portèrent vers ces nouveaux quartiers et de belles maisons en briques s'y construisirent promptement, avec portes et contrevents en fer et toit en forme de bassinterrasse pour conserver l'eau des pluies, en prévision des incendies. Le plus bel édifice, à l'époque dont je parle, était le théâtre Jenny Lind, situé sur la Plaza Mayor, et dont la façade assez imposante, toute en pierres de taille venues d'au delà des mers, la Californie n'en produisant pas, avait coûté un prix excessif. Rue Dupont, on remarquait encore le théâtre Adelphi, où jouait une troupe française assez bonne.

Notre arrivée avait été signalée par le sémaphore qui domine la montagne du Télégraphe. Aussi, à peine mouillés, fûmes nous entourés par une flotille d'embarcations. Ceux qui les montaient entamèrent une véritable lutte pour grimper à bord *bons premiers*, car il s'agissait pour eux d'une affaire capitale, l'embauchage immédiat et à n'importe quel prix des femmes qui se trouvaient sur le navire. La Californie étant toute fraîche éclose, le beau sexe d'Europe y manquait encore et les chefs d'établissements publics ne regardaient pas à payer deux ou trois mille francs *par mois* pour avoir la primeur de l'exhibition de ces dames derrière leurs Bars, à leurs tables de jeu ou... ailleurs. Comme je l'ai dit, nous avions embarqué un échantillon varié de ce délicat article de spéculation, d'un placement partout assez facile et qui, à San-Francisco plus qu'en aucun lieu, ne devait pas tarder à entrer promptement dans la circulation publique; mais je ne crois pas cependant que nos aimables compagnes de voyage eussent jamais rêvé un aussi magique début.

Mon premier pas sur le sol californien devait être un étonnement. Je venais de débarquer avec Sophrone et Emile Amouroux, et nous allions par les rues en quête d'un logement provisoire. J'avisai, sur la Plaza Mayor, étagée sur les marches de California-Exchange, toute une file de décrotteurs fort déguenillés, et m'approchant de l'un d'eux qui me parut moins sale que les autres, je lui dis en lui présentant ma botte :

— Allons, l'ami, astique moi ça proprement... Çà en a besoin !...

L'artiste qui, en me voyant venir à lui, s'était empressé de s'armer de ses outils et avait, sans

trop me regarder, saisi mon pied pour le placer
sur sa planchette, releva subitement la tête en
entendant le son de ma voix ; ses traits exprimaient un doute, une indécision, qui me frappè-
rent et je l'examinai plus attentivement à mon
tour. Soudain, comme poussés par le même
ressort, nous nous jetâmes dans les bras l'un de
l'autre, mais dans ce fraternel élan, la main qui
tenait la brosse au cirage me rasa de trop près
la figure et déposa sur mon nez une couche d'un
si beau noir que le décrotteur voisin, un nègre
du plus pur ébène, eût pu en être humilié.

— Est-il possible ! mécriai-je... Comment,
c'est vous, mon pauvre André ?...

— En chair et en os, comme vous voyez... Et
peut-être plus en os qu'en chair, car le métier
ne va guère... ›

Et alors mon ancienne connaissance me mit
au courant de toutes les tribulations qu'il avait
endurées depuis qu'il était en Californie ; je les
résumerai en quelques mots. Jeune sous-préfet
sous Louis-Philippe et dégommé par la révolution de février 1848, sans fortune et sans avenir
à cause des opinions politiques de sa famille, le
comte Antré de St-F..., était parti un des premiers pour la Californie. Là, après avoir réalisé
aux Mines une somme relativement importante,

il ne lui avait pas fallu longtemps, le jeu, les
femmes et la bonne chère aidant, pour se trouver plus pauvre qu'en débarquant ; et pour retourner aux Placers, il amassait maintenant,
réal par réal, la cinquantaine de piastres qui
lui étaient indispensables. Je rencontrai, pendant quelque temps encore, mon malheureux
compatriote et j'eus plus d'une fois l'honneur
de confier ma chaussure, moyennant 1 fr. 25, à
son noble coup de brosse. Puis, il disparut, et
oncques plus je n'en entendis parler.

Cette première impression, reçue ainsi au
débotté, n'avait rien d'encourageant. Mais je
n'étais pas au bout de mon rouleau !

Je m'étais installé, avec Sophrone, dans une
vaste habitation en bois située à la petite Baie,
un peu loin du centre de la ville. Je me
mis immédiatement en mesure de chercher une
position, et à cet effet je me présentai chez un
négociant français, nommé Chauviteau, pour lequel j'avais une chaleureuse lettre d'introduc-
tion d'un de ses anciens amis de Paris. Très
froidement accueilli par ce personnage, qui
tenait alors le haut du pavé de la banque à
San-Francisco, je compris que, dans ce pays,
la meilleure recommandation c'était sa poigne
et son courage, et je déchirai incontinent les

autres lettres de même valeur dont j'étais porteur.

J'ai passionément aimé la chasse et l'on verra
plus loin combien mon adresse me rendit de
services. Or, un matin j'avais pris mon fusil et
j'étais allé faire ma première exploration dans
une plaine très sablonneuse, et parsemée de
rares arbustes rabougris, qui séparait San-Francisco de la Mission Dolores. Je venais de tirer
et d'abattre un petit loup du pays, un-coyote, et
je rechargeais mon arme dont la crosse était
appuyée perpendiculairement sur le sol. En la
relevant pour continuer ma course, je vis briller
quelque chose dans le creux que l'extrémité de
l'épauloir avait empreint sur le sable, je me
baissai, et à ma grande stupéfaction, je ramas-
sai... Quoi? Une vieille once espagnole au mil-
lésime de 1719 ! Ainsi donc, dans un endroit
désert, assez éloigné de la ville, d'une très vaste
étendue et à peine hanté, le hasard faisait précisément tomber ma crosse sur cette pièce de
monnaie échappée, il y avait peut-être un siècle,
de la bourse d'un caballero ou d'un muletier,
et qui, selon toutes les probabilités, devait
demeurer enfouie pour l'éternité dans cet océan
de sable ! N'y avait-il pas vraiment, dans cette
rencontre étrange, de quoi singulièrement frap-

per une vive imagination ? Comment ! l'or se
trouvait, au sein des solitudes californiennes,
même à l'état monnayé ! Quel pronostic pour ma
fortune ! Je ne pus me défendre, je l'avoue, d'un
grain de superstition, et ayant percé cette once
fabuleuse d'un petit trou sur le bord, j'y passai
une fine lanière de cuir et la suspendis sur ma
poitrine. Hélas ! ce talisman resta toujours pour
moi sans effet et n'eut une réelle valeur que
pour un banquier de Monte qui me le gagna
dans un jour de déveine. J'aurais dû garder ce
souvenir !

Le soir, après nos journées bien remplies,
nous allions visiter, Sophrone et moi, les établissements publics de la ville, et surtout ses
extraordinaires maisons de jeu. Il y en avait
un grand nombre, et les rues Kearney, Commercial, Pacific, Dupont, Montgomery, ainsi
que la Plaza Mayor, renfermaient les plus cou-
rues, parmi lesquelles je citerai la Polka dont
j'aurai à reparler dans le cours de mes récits,
les Arcades, Diana, Bella Union et l'Eldorado.
Rien de brillant et malheureusement d'attrac-
tif comme ces maisons ; le luxe y était effréné,
on y trouvait toutes les séductions, et la moins
dangereuse n'était pas celle des charmantes
Syrènes qui trônaient derrière les Bars somp-

tueux. À la table de jeu, le mineur ou le marchand pouvaient encore défendre leur argent, car le hasard n'était pas toujours impitoyable pour eux; mais quand ils s'aventuraient à tenter une autre partie près de ces dames, dont ils étaient du reste constammentbien accueillis, ils pouvaient être sûrs qu'il ne leur resterait pas dans le gousset de quoi acheter un cigare pour rentrer chez eux. Je pourrais bien facilement rappeler les noms de ces aimables mineuses d'or frappé, dont quelques-unes firent et surent garder une jolie fortune, mais je m'en abstiens parce que plusieurs d'entre elles se marièrent plus tard à d'honorables négociants et se sont conduites depuis avec une décence parfaite, du moins j'aime à le croire!

Dans les bas quartiers de San-Francisco, et surtout aux alentours des Wharfs, on voyait un grand nombre de bouges où le jeu n'était pas moins animé que dans les salles magnifiques que je viens de nommer. Ces antres borgnes offraient à l'observateur des études saisissantes sur les types divers des étrangers qui les fréquentaient, et c'est là seulement qu'on retrouvait encore la manière primitive dont le jeu se pratiquait à l'époque où les espèces monnayées manquaient presque absolument. Rien de plus

excentrique et de plus simple à la fois : devant
le banquier, et devant chaque joueur, était placé
un assortiment de verres de dimensions décrois-
santes, en nombre égal, depuis le verre à vin
jusqu'au verre à liqueur ; on prenait celui dont
la grandeur correspondait à l'importance de la
mise qu'on voulait risquer, on le chargeait de
poudre d'or au tas que chacun avait devant soi,
en faisant le niveau avec une carte, et si l'on
perdait, on versait tout bonnement son contenu
devant le banquier, lequel, à son tour, si vous
aviez gagné, prenait le verre similaire au vôtre,
le remplissait, l'égalisait aussi et le vidait devant vous. J'ai toujours regretté de n'avoir pu
essayer de ce système si bizarre, et quand plus
tard je me trouvai possesseur d'une certaine
quantité de poudre d'or, il était complètement
délaissé, car bientôt les espèces affluèrent à ce
point que chaque gros banquier ou négociant
pouvait en frapper à son gré. Je noterai principalement la maison Davidson qui émit assez
longtemps des pièces d'or de 250 francs, dites
octogones, à cause de leurs huit côtés et de
minuscules demi dollars.

- J'avais fait la connaissance, à la Polka, d'un
jeune américain nommé Nichols, excellent et
digne garçon que j'aimai bientôt comme un

frère et qui devint un de mes compagnons les plus assidus. Il fut depuis sénateur de l'État de Californie.

Nous nous trouvions un soir à l'Eldorado, au coin de la Plaza Mayor, maison très fréquentée par les Mexicains, grands amateurs de Monte. Nous nous tenions debout près d'une table encombrée d'une double haie de spectateurs qui paraissaient extraordinairement excités, car en face du tailleur était assis un individu assez pauvrement vêtu qui jouait un jeu d'enfer. Il avait attaché à ses deux cuisses, pour la tenir ouverte, les courroies de cuir d'une énorme sacoche remplie de doublons, et il y puisait par poignées qu'il jetait sur le tapis et qu'il fallait renouveler sans cesse, car le banquier avait véritablement une chance insolente. Tout y passa bientôt. Alors le décavé renoua tranquillement les cordons de son sac, le glissa dans sa ceinture, et, du même mouvement, en tirant un long poignard et prompt comme l'éclair, il le plongea dans la poitrine de son vainqueur qui empilait orgueilleusement ses onces. Je laisse à penser la bagarre qui s'ensuivit. Deux camps se formèrent aussitôt et le sang coula en abondance. Nichols et moi, nous nous hâtâmes dé détaler, et comme nous franchissions la porte, nous aperçumes tout à côté, sur le trottoir en bois, le cadavre du malheureux que le maître de l'établissement venait d'y faire déposer, sans autre forme de procès, par ses garçons. Je l'y revis encore le lendemain matin! J'en eus une véritable émotion, car je n'étais pas encore familier avec ces scènes de sauvagerie, et mon âme n'était pas doublée alors, comme elle le devint plus tard, de *l'œs triplex* dont parle le poète latin ; mais j'étais à bonne école, comme on le verra, pour me corser le cœur.

C'était le dixième jour de notre arrivée, le 23 juin 1851. Tout à coup, un incendie immense, alimenté par des milliers de tonnes de spiritueux et de barils de poudre qui éclataient comme des bombes colossales, courut sur la ville entière, poussé par le souffle d'un vent d'ouest furieux. Pendant quatre jours, le feu fit des ravages qu'il était impossible d'arrêter, car l'eau manquait et toutes les habitations n'étaient qu'en planches. La moitié de San-Francisco, qu'un autre incendie venait déjà de maltraiter le 4 mai précédent, resta cette fois sous les cendres. C'est ici qu'il faut admirer la puissance de l'activité humaine ! Sur les ruines toujours fumantes, on commença à l'instant même la reconstruction des quartiers détruits, et moins

de quinze jours après ce terrible sinistre, chacun rentrait chez soi et reprenait sa vie fiévreuse.

Je n'étonnerai probablement personne en disant qu'à cette époque San-Francisco était un
véritable coupe-gorge. Il n'y avait aucune police,
aucune force armée, et si l'on y voyait quelquefois un uniforme, ce n'était que lors qu'un
des quinze soldats qui gardaient le petit fortin
de l'entrée de la rade, appelé Presidio, venait
en ville pour y faire des provisions. Tout le
monde était donc formidablement armé de revolvers Colts à capsules, car les revolvers à
broches ou à percussion centrale étaient loin
d'être alors inventés. Non seulement la ville
était peu sûre, mais les environs en étaient
aussi fort dangereux. Cette menace sans cesse
suspendue sur la sécurité publique ne pouvait
pas durer, on s'émut de l'absence complète de
toute autorité répressive et chacun se résolut
à se protéger soi-même. Les plus jeunes et les
plus déterminés se réunirent à cet effet et cons-
tituèrent promptement ce fameux Comité de
Vigilance qui rendit tant de services.

Après quelques actes de vigueur déjà fort ap-
préciés, ce Comité fit un coup de maître qui dé-
barrassa le pays de deux bandits qui portaient
la terreur au milieu des habitants. C'était deux

convicts anglais, échappés de Sydney, nommés Stewart et Mackensie, féroces personnages dont on ne comptait plus les vols et les assassinats. Un soir qu'on les avait vus entrer dans une mauvaise Posada de Clay Street, où ils devaient passer la nuit, on prit le parti d'en finir et on les attaqua vigoureusement. Ils opposèrent une résistance désespérée et ne cédèrent qu'au nombre des assaillants, dont quelques-uns furent blessés et un autre fut tué. Mais on les tenait et c'était le principal. Le Juge du district, informé de cette aventure, réclama les prisonniers, et le Comité de Vigilance eut le tort de les lui remettre.

Quinze jours, après ces deux brigands, qui regorgeaient d'or déposé chez leurs affiliés, prenaient la clef des champs et ne tardaient pas à recommencer leur vie de pillage et de massacres.

La rage du Comité de Vigilance fut indescriptible, et on convint qu'il fallait, coûte que coûte, s'emparer à nouveau de ces misérables. On se divisa par escouades de huit à dix hommes bien montés et l'on se mit en campagne pour battre la contrée dans la direction du Pueblo de San Jose, où l'on avait appris que Stewart et Mackensie opéraient dans le moment.

Je faisais partie de l'expédition avec mon

ami Nichols, mais notre peloton n'eut pas la gloire de la capture des deux sacripants. Elle fut dure à accomplir, car poursuivis, traqués comme des bêtes fauves, ils avaient fini par se réfugier dans une masure abandonnée par des bergers, et il fallut un siège en règle, qui coûta la vie à trois des nôtres, pour en avoir raison. Cette fois ils ne devaient pas échapper à leur sort.

Nous rencontrâmes les deux convicts, bien garrotés, à deux lieues environ de San-Francisco, et nous joignant à leur escorte, nous entrâmes ensemble dans la ville. Là, les choses marchèrent vite. A la première maison où nous aperçûmes une de ces fortes poulies qui servent à monter les sacs et les caisses, — c'était à l'entrée de Montgomery Street — nous fîmes halte, et dix minutes après, les corps de ces deux gredins se balançaient à vingt pieds au-dessus du sol. Stewart, qui avait été blessé, mourut promptement ; mais Mackensie, un vigoureux gars, mit plus de temps à rendre sa vilaine âme au diable, nous offrant la vue d'un spectacle extraordinaire que quelques savants ont décrit, mais que je suis assez embarrassé pour raconter. Je pourrais placer ici une tirade latine, puisqu'il est convenu, je ne sais trop pourquoi, que

Le latin dans les mots brave l'honnêteté ;

je me contenterai de rappeler que la pendaison produit parfois le gonflement rapide de la langue du patient, qui atteint alors facilement, hors de la bouche, le volume d'une petite betterave. Ce phénomène pathologique a une correspondance intime avec un autre organe, dont Mackenzie nous donna, ce jour-là, la preuve la plus développée.

Pendant cette application sommaire de la loi de Lynch, je n'étais pas resté inactif et je ne fus pas un des moins ardents à tirer sur la corde qui terminait les exploits de ces deux forbans. L'occasion était rare de mettre le proverbe à l'épreuve et j'en coupai un morceau que je conservai longtemps dans ma poche ; mais ce nouveau talisman ne conjura pas mieux mon mauvais sort que mon premier fétiche, la vieille once espagnole, et un jour, étant à la chasse aux Mines et manquant de bourres, je le réduisis en étoupe et en chargeai mon fusil.

Après cette cruelle mais nécessaire exécution, San-Francisco reprit le calme et la confiance, et l'on put voyager dans les alentours avec une certaine sécurité. D'ailleurs, le Gouvernement Américain, jaloux de l'initiative hardie du Comité de Vigilance et de la popularité qu'il s'était acquise, se décida à prendre quelques mesures indispensables et il envoya un corps de troupes fédérales tenir garnison dans la capitale califor-nienne.

C'est à cette période de ma vie que se place ma connaissance avec le marquis de Pindray et voici comment elle se fit. J'étais allé chas-ser, avec Nichols et Emile Amouroux, à Ta-mascal, de l'autre côté de la baie, et après une journée de fatigues bien payées par les pièces abattues, nous étions entrés dans une taverne de Pantaluna. Tout y était sans dessus dessous, et, dans une bagarre confuse, nous n'aperçûmes tout d'abord qu'un long gourdin manié par un homme terrible, tournoyant comme un mouli-net et venant tomber comme une massue sur les têtes ou les épaules des adversaires de cet athlète. Notre apparition décida de sa victoire, car les mots en langue française dont ce vail-lant champion accompagnait ses horions formi-dables, nous avaient fait reconnaître un compa-triote, et en une seconde nous étions à ses côtés. La taverne fut lestement évacuée, non sans qu'on nous tirât quelques coups de révolver de loin, mais personne ne fut atteint. Voici ce qui s'était passé. Ce Français, qui n'était autre que le mar-

quis de Pindray, installé dans les environs et
d'où il approvisionnait San-Francisco de gibier,
avait eu la fantaisie de faire, avec son *capataz*
mexicain, une partie de billard dans la taverne
de Pantaluna ; il l'avait trouvé occupé par une
bande de Yankees qui paraissaient passablement avinés. Après avoir attendu assez longtemps, le marquis s'approcha d'un joueur
et lui demanda poliment quand il comptait
finir. A une réponse insolente, notre compatriote, d'une nature peu patiente et d'une
force musculaire que sa frêle apparence ne
permettait pas de soupçonner, envoya son brutal interlocuteur, d'un mirifique coup de boxe
appliqué sur la tempe, rouler à trois pas de distance. Il fut aussitôt assailli par le reste de la
troupe, mais se dégageant par un suprême effort, il saisit une queue de billard par son bout
le plus effilé et se mit à assommer ses agres-
seurs avec une science approfondie du bâton et
une vigueur irrésistible. Je crois vraiment que
le marquis aurait eu raison, sans nous, de ses
adversaires ; toutefois notre présence hâta son
triomphe et nous restâmes maîtres de la taverne. A partir de ce jour, une amitié sincère s'éta-
blit entre nous deux et ne se démentit pas un
seul instant jusqu'au jour où de Pindray par-

tit pour son expédition de la Sonora, dont je ferai un peu plus loin le complet historique.

Mais avant d'aborder cet intéressant sujet, je veux encore raconter un événement digne du caractère excentrique et téméraire du marquis, qui se produisit, quelques semaines plus tard, en pleine salle de la Polka.

Il y avait à San-Francisco un Américain du nom de Charles D....., haut de six pieds, bâti en hercule, et qui était littéralement la terreur de tous les établissements publics. On lui avait vanté la force et le courage du marquis de Pindray et il avait juré qu'il donnerait quelque jour une verte leçon à ce *French dog*. Ils se rencontrèrent un soir à la Polka, et le marquis, qui connaissait les desseins du Yankee, alla droit à lui et le regardant de son œil gris, dur comme le fer et acéré comme une lame :

— Je suis le marquis de Pindray ! lui dit-il avec calme... Or, paraît-il, vous voulez me donner une leçon !... Quoique je ne vous aie jamais rien fait, puisque je ne vous connais pas, je l'accepte !... Commencez donc...

Charles D....., malgré son aplomb ordinaire, resta tout d'abord décontenancé devant un pareil sang-froid. Il se remit bien vite, et d'une voix grossière :

— Je l'ai dit et je le ferai, répondit-il... Là où je règne, il n'y a pas place pour un rival !...

— Je n'étais pas le vôtre, reprit le marquis, mais je le deviens aujourd'hui... Vous êtes un polisson !

A cette injure, Charles D..... tendit vivement le bras vers le revolver qu'il portait enfermé dans sa gaine. Mais le marquis, le saisissant au passage et le serrant comme dans un étau, continua tranquillement :

— Je suis sans arme, et vous n'allez pas, je pense, m'assassiner !...

— Soit ! fit le Yankee en grinçant des dents... Nous nous retrouverons demain !...

— Pourquoi demain ?... Ces querelles doivent se vider sur l'heure... Et quant à un revolver, je m'en procurerai facilement un, ajouta de Pindray en regardant autour de lui.

Il m'aperçut et venant à moi :

— Cher ami, prêtez-moi le vôtre, me dit-il, en me pressant la main.

La foule qui encombrait la Polka trouvait à cette scène un ragoût extraordinaire et montrait pour le marquis une sympathie prononcée.

Ce que comprenant, Charles D....., qui tenait à conserver sa réputation de bravache, consentit à une rencontre immédiate et se disposait à gagner la rue, lorsque le marquis l'arrêtant :

— Où allez-vous ?... C'est ici même, devant tous, que j'entends recevoir la leçon que vous m'avez promise !... Voyons, messieurs, faites-nous place !...

Quel régal qu'une lutte entre ces deux hommes ! On se massa vivement sur deux côtés de la vaste enceinte de la Polka, de façon à ménager une large allée d'au moins dix mètres où les champions devaient prendre position et on attendit.

Charles D....., qui n'avait certes pas prévu un dénouement pareil, sembla un moment interdit ; mais reprenant rapidement ses airs de matamore, il s'écria d'une voix forte :

— All right, sir !

Et il s'avança dans le champ-clos où déjà l'attendait le marquis de Pindray.

L'anxiété des spectateurs était à son comble. On connaissait l'adresse des deux combattants, et il était évident qu'un malheur était proche.

— Mon cher Carrière, dit le marquis au chef de l'établissement, veuillez frapper trois fois dans vos mains... Nous sommes prêts !

Au signal, quatre coups de feu éclatèrent, tous tirés précipitamment par Charles D... sans que de Pindray eut été touché ; son chapeau seul fut troué par un projectile.

Alors le marquis levant pour la première fois son arme :

— Je ne veux pas vous tuer, car un meurtre inutile est une vilénie indigne d'un gentilhomme mais je vais vous mettre dans l'impossibilité, pour longtemps, de faire du mal aux autres...

Et d'une balle unique, il lui cassa le bras droit à la hauteur de l'épaule.

Ce duel est resté légendaire à San-Francisco.

Je crois le moment venu, avant de continuer le récit d'aventures qui me furent plus ou moins personnelles, de tracer un précis exact d'une tentative de colonisation française faite au Mexique par cet intrépide marquis, expédition qui demeura presque inconnue à cette époque, et qu'un an plus tard le comte de Raousset-Boulbon, autre homme à la trempe d'acier, reprenait pour son compte, mais hélas ! sans plus de succès que son devancier.

Ce récit me permettra de donner sur mon héros des détails plus étendus et de dépeindre plus largement que je ne l'ai fait encore la curieuse physionomie de San-Francisco au milieu de l'année 1851.

CHAPITRE TROISIÈME

LE MARQUIS DE PINDRAY

CHEZ LES APAGHES

Blond de chevelure, d'une taille au-dessus de la moyenne, d'une structure nerveuse sans être maigre, le marquis de Pindray imposait tout d'abord. Sans éprouver pour lui aucun sentiment répulsif, on sentait qu'il était du nombre de ces hommes près desquels on est contraint à une réserve involontaire ; on n'allait pas à lui, on attendait qu'il vînt à vous. De sa personne émanait comme un souffle glacial qui vous saisissait au cœur, et quand il arrêtait fixement sur quelqu'un son œil d'un bleu gris fauve, aussi perçant que celui de l'aigle, il était impossible d'en soutenir l'effet dominateur.

D'une adresse incroyable à tous les exercices du corps, d'une force musculaire qui tenait du prodige, le marquis de Pindray était alors, à trente-six ans, le type de l'homme envers qui la

nature a déployé physiquement toutes ses lar-
gesses. Je l'ai vu plusieurs fois tuer au vol, et
d'un coup de pistolet de tir chargé à balle, des
oiseaux à peine plus gros qu'un moineau franc.
Si l'on ajoute à des dons aussi extraordinaires,
un corps de fer à la fatigue, une âme qu'aucun
danger ne surprend et n'arrête, un esprit opiniâtre et que les obstacles ne font qu'irriter davantage, on pourra facilement tracer soi-même
le portrait du personnage que je fais revivre
aujourd'hui.

Après bien des années d'une vie toute palpi-
tante de scènes aventureuses, de périls impré-
vus et toujours surmontés, d'actions plus ou
moins remarquables, mais constamment empreintes du cachet de tenacité et d'audace qui
faisait du marquis de Pindray un ennemi redoutable ou un ami à toute épreuve, selon qu'on
encourait sa disgrâce ou que l'on méritait son
affection, ce gentilhomme, qui appartenait à
une des meilleures familles du Poitou, débar-
quait en Californie. C'était en 1850.

A cette époque, la ville de San-Francisco
était loin d'offrir le panorama pittoresque et magnifique qu'elle étale orgueilleusement de nos
jours. Le génie créateur et infatigable du peuple
américain ne s'était pas encore livré à toutes les

merveilles de son activité. C'est à peine si l'on voyait, dans l'espace compris entre Happy Valley et Cunningham's Wharf, là, où s'étendent maintenant des quartiers qui ne dépareraient pas New-York, la splendide cité, quelques chétives cabanes en planches et en troncs d'arbres grossièrement équarris, construites par les premiers arrivés et qui n'étaient guère plus élégantes ni plus commodes que les wigwams des Indiens qui bordaient le rivage. Ces derniers, du reste, avaient dès lors été obligés de transporter leurs huttes deux lieues plus loin, à la Mission Dolores.

Mais bientôt, comme sous le coup d'une baguette de fée, l'aspect de la ville changea. Des centaines de navires, expédiés de toutes les parties du monde, vomirent sur la plage des flots d'étrangers et des masses énormes de denrées de toutes sortes. Avec une rapidité sans exemple, et qui tenait de la fièvre, les bras des émigrants firent, pour ainsi dire, jaillir du sol des blocs immenses de maisons spacieuses et cette nouvelle ville, passant presque instantanément de l'enfance à l'état de virilité, se peupla sans relâche d'hôtes avides et entreprenants, remuant échantillon de toutes les nations du globe.

Jeté par les hasards de la fortune au milieu

d'une société dont les éléments étaient si hété-
rogènes, le marquis de Pindray, à l'imagination
romanesque duquel une existence accidentée
devait d'ailleurs sourire, comprit que la trempe
de son esprit se refuserait à s'asservir aux calculs du négoce ou aux durs labeurs du *Rasca-
dor* ou chercheur d'or, mais il se dit cependant
qu'il n'était pas venu pour rester dans l'inac-
tion. L'indépendance de son tempérament et
de ses habitudes lui suggéra alors l'idée d'une
entreprise dont l'accomplissement fut pour lui
la source de bénéfices extrêmement considérables.

Le courant de l'émigration se divisait, en
touchant San-Francisco, en deux branches
bien distinctes : le commerçant et le mineur. Ce dernier, altéré de la soif dont parle Horace, *Auri sacra fames,* se hâtait de s'enfoncer
dans l'intérieur des terres, en quête de la veine
aurifère qui devait le ramener riche dans son
pays. Mais combien, hélas y ont laissé l'espérance avec leur vie ! Et ne croirait-on pas que Dante
les pressentait, l'orsqu'il écrivit ce vers fameux :

Lasciate ogni speranza voi ch' intrate !...

Quant au commerçant arrivé avec une cargaison, il fixait sa résidence dans la ville, dans

le but d'écouler ses marchandises en fournissant les magasins de détail et en expédiant aux Mines.

Le tumulte d'une cité naissante, l'ardeur des premières opérations, firent d'abord oublier à ces nouveaux colons le soin de leur vie matérielle. Longtemps la population sans cesse croissante de San-Francisco ne s'alimenta que de conserves et de salaisons apportées d'outremer. Mais quand les choses se régularisèrent, on songea davantage aux jouissances physiques et l'on chercha avant tout à se procurer des viandes fraîches. Malheureusement, le bétail vivant dans les montagnes à l'état sauvage, ce n'était qu'assez rarement que les Indiens allaient jeter le lazo et ramenaient quelques buffalos insuffisants pour la consommation. Ce fut alors que le marquis de Pindray entrevit le moyen de suppléer à cette pénurie et conçut l'étonnant projet d'approvisionner les habitants par la chasse.

En face de San-Francisco, de l'autre côté de la baie grandiose où cette ville surprenante se développait si vertigineusement, existent aujourd'hui des places importantes, mais qui n'étaient alors que des agglomérations clairsemées d'habitations indigènes. C'était ici Pantaluna,

Tamascal ; plus loin, San-Antonio et le Pueblo de San-José, avec le majestueux mont Diabolo pour perspective à l'horizon. Ce fut sur cette terre inexplorée que le marquis de Pindray, sans perdre de temps, vint planter sa tente et se livrer tout entier à la vie du trappeur américain.

Doué d'un coup d'œil infaillible, il abattait chaque jour une quantité prodigieuse de gibier de toute espèce que ces plaines et ces vallées si tranquilles possédaient en incalculable abondance. Deux fois par semaine, il expédiait à San-Francisco une chaloupe littéralement coulant bas sous le poids des victimes de son adresse, tels que chevreuils, élans, lièvres, lapins, écureuils gris, ramiers, oies et canards sauvages, colins ou perdreaux du pays, et souvent il complétait le chargement par l'envoi d'un ou plusieurs ours.

Je vis, à mon arrivée en 1851, un de ces animaux pendu à la porte d'un restaurateur de la ville. Un écriteau fixé à sa poitrine velue indiquait qu'il était tombé sous la balle du marquis de Pindray, qu'on le lui avait acheté 200 piastres ou plus de mille francs de notre monnaie, et qu'enfin la bête pesait 800 livres américaines. C'était là une jolie réclame que se faisait le patron de l'établissement.

Pendant près d'un an le marquis de Pindray se constitua ainsi le Nemrod des bois californiens et le pourvoyeur exclusif de toutes les cuisines de San-Francisco. J'ai entendu évaluer à 30.000 dollars la somme qu'il retira de cette intelligente industrie. Combien de gens brûlent leur poudre pour moins de cent cinquante mille francs ! Quant à lui qui, pendant le cours de son existence hasardeuse, avait déjà acquis et perdu tour à tour plusieurs fortunes princières, trente mille dollars ne représentaient que le premier degré de l'échelle d'or qu'il entendait gravir.

C'est vers cette phase de la vie du marquis de Pindray que commencèrent à se répandre, à San-Francisco, certains récits merveilleux sur les richesses fabuleuses du territoire occupé par les Indiens Apaches, au fond de la province de Sonora y Cinaloa. Ils embrasèrent toutes les têtes, firent battre tous les cœurs. Le marquis de Pindray, depuis quelque temps inactif, mais dont l'esprit inquiet fermentait sans cesse, forma, le premier, le hardi dessein de s'emparer de cette terre promise de l'or et de s'implanter de gré ou de force au sein des tribus Apaches.

Le point difficile était d'organiser convenablement une colonne envahissante dont l'argent

surtout devait faire le succès. Les ressources
personnelles du marquis, alors fort restreintes,
le déterminèrent à adresser un appel aux cof-
fre-forts de ses compatriotes. Il ne doutait
point qu'à la seule annonce de son projet, les
dollars et les onces d'or ne vinssent promptement à lui.

Hélas ! le respect que tout écrivain doit à la
vérité m'impose le devoir de dire ici ce que je
pense du caractère des Français qui foisonnaient alors en Californie. Chacun y vivait bien
avec tout le monde tant qu'il n'avait besoin de
personne ; mais il ne fallait pas s'aviser d'être
malheureux et d'avoir recours à son prochain,
car on était assuré d'être repoussé avec la plus
froide indifférence. Dans ce pays anormal,
chaque homme était tout pour lui-même, les
autres rien pour lui, la fraternité n'existant pas
en dehors de son individualité. C'était un véritable phénomène que de rencontrer aux Placers
une société de travailleurs français qui eût duré
plus de deux ou trois mois ; au bout de ce temps,
la mésintelligence, la jalousie intervenaient et
contraignaient le mineur à creuser isolément
son *claim* sans chance de fortune probable, tandis qu'à ses côtés des Américains, des Anglais
ou des Allemands recueillaient des bénéfices

considérables en demeurant attachés inébran-
lablement aux règles et aux devoirs d'une bienfaisante association. Or, là où règne l'égoïsme,
l'esprit de patriotisme manque. Cette triste
vérité que je consigne ici, je l'ai d'ailleurs
toujours constatée dans le cours de mes longs
voyages dans la plupart des pays du monde
connu, et elle explique irréfutablement l'absence de prospérité qui s'attache, en général,
aux établissements de nos compatriotes à
l'étranger.

Par ce qui précède, il est dès lors facile de
comprendre que le marquis de Pindray eut le
désappointement de voir toutes les oreilles rester sourdes à sa voix. Mais il n'était pas de
ceux qui se rebutent d'un insuccès et reculent
devant une premier échec; il ne se sentit au
contraire que plus aiguillonné et ne s'en rap-
porta désormais qu'à lui-même du soin d'accomplir sa résolution.

Il comptait beaucoup, pour recruter sa future
troupe, sur la désillusion, sur les espérances
avortées d'un certain noyau de Français pour
qui les filons d'or de l'Eldorado Américain s'é-
taient obstinément tenus cachés. On trouve
partout des gens peu satisfaits du présent, re-
grettant le passé et prêts à changer une position

précaire pour une autre qui semble leur pro-
mettre de meilleurs résultats. Mais en Californie, dans cette étrange contrée où la déception
était plus poignante qu'ailleurs, parce que les
rêves qui vous y avaient conduits n'avaient été
que plus exagérés, le nombre des mécontents
était excessivement considérable, et tel qui, en
foulant le rivage, répondait de sa fortune, n'a-
vait le plus souvent, au bout de six mois ou
d'une année de Mines, que le regret de s'être
sottement expatrié. San-Francisco abondait en
gens qui avaient espéré de gagner le quine ou
au moins un quaterne à la grande loterie des
Placers, et qui, après avoir expérimenté de la
justesse de cet adage, *beaucoup d'appelés peu
d'élus*, s'estimaient très heureux de ne pas mourir de faim. Je me hâte cependant de déclarer
qu'à San-Francisco un homme qui avait assez
de cœur pour ne pas laisser ses bras oisifs, était
toujours certain de pouvoir amplement satisfaire
aux premiers besoins de la vie. Mais quel abîme
entre cette existence au jour le jour et l'avenir
doré sur toutes les faces qu'il se bâtissait encore en en rant dans la rade de la capitale Californienne !

Vanitas vanitatum et omnia vanitas !

Ce fut donc à cette classe d'individus peu fa-

vorisés du sort que le marquis de Pindray s'a-
dressa, et appelant sous son drapeau tout ce
que San-Francisco renfermait de Francais déterminés, il se vit assez promptement à la tête
de deux cents hommes, armés pour la plupart
de fusils doubles d'Europe garnis d'une courte
bayonnette, fournis de munitions et d'outils,
avec quelques piastres dans leurs ceintures.

Certes, c'était déjà un grand pas de franchi
que d'avoir rassemblé sa petite armée, mais il
restait au marquis de Pindray la difficulté plus
embarrassante d'en organiser le départ. La di-
sette d'argent se fit alors durement sentir. Les
armateurs demandaient des prix exorbitants
pour mettre un voilier en charge, et l'expédition
allait dès le début se trouver entravée si son
chef ne fut parvenu à s'arranger, sur la base
d'un tarif assez humain, avec un Anglais, capitaine et propriétaire en même temps de son
navire. Chaque homme fut taxé à quarante
piastres (200 fr.) pour son passage, avec faculté,
mais jusqu'à concurrence d'un poids limité,
d'emporter une certaine quantité de provisions
pour sa subsistance.Enfin, tous les préparatifs
étant achevés, l'expédition prit la mer. C'était
en 1851.

Après vingt-cinq jours d'une navigation qui

ne fut contrariée qu'une seule fois par une tempête aussi violente que soudaine, phénomène
fréquent dans le Pacifique où les transitions
sont très brusques, la petite colonne d'aventuriers
français jeta l'ancre dans la mer Vermeille, en
face des côtes du Mexique.

Mais là, une nouvelle difficulté se présenta.
Comment faire, sans violer le territoire mexicain, pour déposer tous les hommes à terre ? Il
était mal aisé de cacher les armes, les munitions,
et de marcher longtemps sans que le pays ne
s'émut. Il était en outre évident qu'à la première
nouvelle du débarquement, les gouverneurs des
villes voisines enverraient à la rencontre des
Français une masse de troupes suffisante pour
les arrêter, si leurs prétentions n'étaient pas ad-
mises. Ces appréhensions étaient de nature à
inquiéter ; cependant le marquis de Pindray
jugea que le point important était d'abord d'é-
tablir son monde à terre, sauf à se comporter
ensuite selon que les circonstances l'inspire-
raient. Il choisit donc, à cet effet, une petite
crique isolée, bordée de hautes montagnes, à
quelques lieues de Mazatlan et y installa un
camp volant.

Ses craintes ne tardèrent pas à se vérifier. Au
bout de quelques jours de repos, on vit appa-

raître un officier Mexicain suivi d'une escorte
assez imposante, et le marquis de Pindray fut
sommé de décliner les intentions qui le faisaient
agir. Le parti le plus sage qu'il pût adopter,
c'était de dire la vérité. Il pensait avec raison
que les populations mexicaines, souvent mena-
cées par les tribus Apaches et supportant crain-
tivement leur proximité, ne verraient peut-être
pas d'un œil défavorable une entreprise qui se
donnait la mission de combattre ces Indiens
puissants. Le marquis de Pindray s'expliqua
dès lors avec franchise et eut lieu de s'en
applaudir; les Mexicains, rassurés par son lan-
gage, se retirèrent.

Le chemin, comme celui d'Altorf, était donc
ouvert; il n'y avait plus qu'à s'y engager. Or,
voulant mettre à profit les dispositions amicales
des habitants, le marquis de Pindray forma
son escouade pour le départ; il chargea chaque
homme de vivres pour un certain nombre de
jours, comptant qu'il trouverait facilement à
les remplacer quand ils viendraient à s'épuiser,
et, toutes choses prêtes, il s'engagea hardiment
dans l'intérieur des terres.

Le Mexique, surtout dans cette partie reculée
du Nord, offre peu de chemins praticables. Les
monts escarpés qui le couvrent, ramification de

la grande chaîne des Montagnes Rocheuses ou Cordillières des Andes, renferment à peine quelques sentiers connus des indigènes, des mulets et de leurs cavaliers. D'un centre à un autre, les communications sont très pénibles et deviennent presque impossibles pour un étranger qui ne connaît pas le pays. Ici, c'est une forêt étendue qui aboutit il ne sait où ; là, un torrent impétueux qu'il lui faut traverser en radeau où à la nage ; partout, des entraves.

Pendant quelques jours, les aventuriers français firent assez bonne contenance devant les obstacles incessants qui se dressaient contre leurs pas. L'idée qu'ils nourrissaient encore de leur prochaine fortune soutenait leur courage, et les fatigues de la veille disparaissaient le lendemain, dominées par l'espoir et la convoitise. Mais les forces de l'homme, même les plus surexcitées, ont des limites, et la volonté perd son énergie là où la puissance physique fait défaut. Le marquis de Pindray comprit d'ailleurs que ses hommes, qu'une cinquantaine de lieues seulement séparaient alors du territoire des Apaches, avaient besoin de se préparer à la lutte par plusieurs jours de halte. Déjà des fièvres malignes, trop communes à ces contrées, étaient venues faire invasion dans les rangs ;

ceux que la maladie épargnait encore, ressentaient de cuisantes douleurs, fruit de l'accablante lassitude qu'avait engendrée une longue étape de près de deux cents lieues à travers un sol montagneux et sauvage ; et, pour surcroît de maux, les vivres allaient manquer.

Le marquis de Pindray, sentant toute la gravité de la situation, essaya, par des paroles encourageantes, de raffermir la résolution de ses compagnons. Il leur montra, à un jour peu éloigné sans doute, la fin de leurs souffrances. Il fit luire à leurs yeux les reflets fascinateurs des lourdes pépites que les Apaches leur gardaient. Il leur dit enfin qu'un dernier effort les conduirait au sein de l'abondance et de la richesse.

Ces exhortations et ces espérances ranimèrent les cœurs chancelants des aventuriers qui, ainsi que le fait un généreux coursier, donnèrent pour ainsi dire le coup de collier décisif, et vinrent, deux semaines après, planter leur bivouac à proximité d'un village Apache. Là de nouvelles épreuves attendaient le marquis de Pindray.

Une nuit, les compagnons de ce gentilhomme aventurier furent brusquement réveillés par plusieurs coups de fusils, suivis de hurlements épouvantables. C'étaient les sentinelles qui, entrevoyant dans l'ombre une masse compacte qui approchait sans bruit, avaient donné l'alarme au camp endormi, et s'étaient repliées lestement en arrière, accompagnées d'une grêle de traits et de vociférations horribles. Les Apaches se montraient à deux cents pas et les Français n'eurent que le temps de sauter sur leurs armes et de se mettre en défense. Cinq minutes après, le combat était généralement engagé, et un feu nourri de mousqueterie répondait à une avalanche de flèches. Il était difficile, pour les tireurs du marquis de Pindray, d'ajuster avec précision, car les Apaches galoppaient en tournant autour d'eux comme des fantômes hideux qu'éclairait par intervalle la flamme de la poudre, et c'est à peine si on distinguait le cavalier d'avec sa monture. Jusqu'au point du jour les aventuriers furent continuellement tenus en alerte, mais le premier rayon du soleil dispersa la bande de ces farouches Indiens et permit de se reconnaître. Personne n'était mort, mais plusieurs devaient mourir bientôt, car les flèches des Apaches étaient cruellement empoisonneés et elles avaient fait malheureusement plus d'une victime. Du côté des Peaux-Rouges, quelques cadavres indiquaient que toutes les balles n'avaient pas été perdues, et l'on présuma, à l'absence totale de leurs blessés, qu'ils avaient été enlevés à dos de cheval, au moment de la retraite.

Le sort en était donc jeté, et les conquérants en étaient venus aux mains avec les possesseurs du sol! Désormais, il ne fallait plus compter sur les trèves et le repos, on avait affaire à des peuplades habituées à guerroyer, endurcies à la fatigue, courageuses, ayant l'immense avantage de combattre chez elles et de pouvoir sans cesse se renouveler.

Le marquis de Pindray, sans regretter de s'être engagé aussi loin avec des moyens insuffisants de résistance, songea, s'il ne pouvait vaincre, à tenir tête à ses ennemis avec le plus de succès possible. Il fit comprendre à sa troupe, dans une chaleureuse allocution, qu'elle n'avait à espérer de salut que dans une opiniâtre persistance. L'ardeur des Français sembla se retremper une seconde fois aux accents de leur chef, et ce fut en chantant prématurément victoire qu'ils quittèrent leur campement provisoire pour opérer une trouée plus profonde sur le territoire des Apaches. Mais ces Indiens, une fois en campagne et alléchés par l'espoir d'augmenter leur renommée en scalpant quelques

crânes de Faces-Pâles, n'étaient pas d'humeur
à enterrer, selon leur expression imagée, la hache de guerre. C'était pour eux une bonne fortune que deux cents hommes dépaysés, dont
quelques-uns tombaient chaque jour percés d'un
trait invisible. Se servant des facilités mer-
veilleuses que leur offrait une configuration de
terrain dont ils connaissaient seuls tous les
détours, les Apaches pratiquaient envers les
envahisseurs le même système de guérillas,
dont de 1808 à 1811, les Espagnols s'étaient
servis contre les armées françaises. Chaque arbre, chaque buisson, chaque ravin, chaque
grotte, cachait un ennemi inattendu et on re-
cevait la mort sans chance de la rendre. Pendant
un mois entier, jour et nuit, les aventuriers ne
rencontrèrent qu'embuscades et pièges, et voyant
avec effroi qu'ils avaient déjà perdu un tiers de
leur effectif, ils déclarèrent formellement vouloir revenir sur leurs pas.

Le marquis de Pindray, dont les revers
n'abattaient pas le grand cœur, mit tout en
œuvre pour réchauffer une dernière fois la
valeur de ses compagnons; on ne l'écouta plus.
D'ailleurs, outre la lutte insoutenable à laquelle
ils étaient quotidiennement exposés, les aventuriers enduraient d'autres maux sans remèdes.

La faim, l'affreuse faim les talonnait souvent,
car chercher à courir les monts pour capturer
un taureau sauvage, c'était se dévouer à un
massacre presque assuré ; de plus, leurs vête-
merts, lacérés par les lianes des forêts, s'en
allaient par lambeaux. Depuis assez longtemps,
et c'était la majeure partie, ils étaient privés de
chaussures et n'avaient d'autres ressources,
pour protéger leurs pieds ensanglantés contre
les aspérités des rocs, que de les envelopper
de feuilles de bananier retenues par quelques
lanières de cuir.

Cette position n'était plus tolérable. Aussi le
marquis de Pindray dut-il se rendre à la cruelle
évidence et se taire devant les murmures d'un
mécontentement que l'on ne prit plus la peine
de dissimuler.

C'est ainsi que ce partisan audacieux vit
s'évanouir, en un instant et par la force même
des choses, un songe d'or qu'il eût peut-être
pu réaliser si, au lieu de se rebuter, ses compagnons eussent été doués, au même degré que
lui, d'une volonté immuable, ne cédant qu'à la
mort.

L'expédition était donc matériellement désor-
ganisée et son but manqué. Dans un moment
de folie et de désespoir, et voyant tous ses rêves

de fortune anéantis, le marquis de Pindray se brûla la cervelle !

Les aventuriers, ainsi livrés à eux-mêmes par le trépas de leur chef, battirent précipitamment en retraite et n'atteignirent néanmoins le port de Guaymas qu'après avoir subi de nouvelles et atroces souffrances et laissé, le long des rampes des monts mexicains, les cadavres de plusieurs de leurs camarades, triste proie que les ours gris, les coyotes et les gabilans aux serres aigues durent se disputer avec acharnement.

Enfin, ces infortunés explorateurs, après une assez longue attente et avec l'aide du vice-consul de France, parvinrent à trouver place sur un brick en partance pour San-Francisco.

CHAPITRE QUATRIÈME

UNE SAISON AUX PLACERS.

L'heure avait sonné où je devais, comme les autres, faire mon tour de Mines. La somme très modique que j'avais pu sauver des griffes de S. M. Baccara et de ses subtils ministres, à bord de l'*Anna*, ne m'avait pas mené bien loin et je ne m'étais soutenu qu'en me contraignant à plusieurs métiers manuels dont le souvenir me parait aujourd'hui un vilain cauchemar. Mais j'ai toujours eu pour principe que c'est l'homme, quand il est honorable, qui ennoblit la profession, et non la profession l'homme, et malgré beaucoup de déboires et des humiliations quelquefois poignantes, je ne me suis jamais laissé abattre par l'adversité.

Je partis donc pour les Placers du Sud, *via* Stockton, au mois de janvier 1852, en compagnie de mon bon camarade Emile Amouroux.

Nous avions choisi ces Mines parce que nous savions qu'elles étaient bien moins fréquentées que celles du Nord, le flot des étrangers se portant presque exclusivement vers les rives du Sacramento, qui était le seul nom qu'ils prononçaient en débarquant, parce que c'était le seul en effet que les compagnies d'émigration avaient fait miroiter dans leurs fallacieux prospectus. Sacramento était une vieille cité qui avait joué un rôle dans l'histoire des temps passés, tandis que Stockton, à la désinence toute américaine, était une ville de fondation récente et peu connue des nouveaux arrivés.

Nous avions pris passage sur un de ces steamers à étages qui font, en Amérique, le service des grands fleuves et des rades, et comme nous démarrions du Wharf en même temps qu'un autre bateau appartenant à une compagnie rivale, nous eûmes à subir, pendant cinq heures de traversée, toutes les péripéties dangereuses d'une lutte à outrance entre les deux concurrents. Il s'en fallut de peu que nous ne fussions lancés en l'air, comme ce pauvre Martial Hubert dont je dirai plus tard la lamentable et véridique histoire. Nous débarquâmes cependant à Stockton avec tous nos membres, et nous nous mîmes aussitôt à la recherche d'un arriero, pour nous transporter, avec nos bagages et nos provisions, au camp de San-Andrea, où nous avions résolu de planter notre tente.

Avant de poursuivre, il me paraît indispensable de faire connaître un peu mieux mon ami Emile Amouroux qui fut, pendant six mois de Placers, mon affectueux et fidèle compagnon et dont la mort devait tant attrister mon retour à San-Francisco.

Sa famille habitait la Dordogne où son père dirigeait une importante usine. Venu à Paris pour y faire ses études médicales, il se trouvait élève interne dans un grand hôpital au moment où la fièvre californienne vint tout bouleverser. Quoique médecin, il ne sut pas se prémunir contre elle, et il partit. Nous nous rencontrâmes pour la première fois au Havre, où nous devions prendre le même bâtiment, et nous ne tardâmes pas à ressentir une sympathie réciproque qui se changea vite en chaude amitié. Ce n'était pas précisément la soif de l'or qui poussait Emile vers la Californie, son but était plus élevé. Il croyait que dans un pays aussi neuf un médecin jeune, actif, instruit, devait se faire promptement une belle clientèle. Je dois constater, en passant, que lorsque nous arrivâmes à San-Francisco, la bonne place était prise par un docteur américain nommé d'Oliveira et qui, à tort ou à raison, avait accaparé presque tous les malades ou les estropiés, et était en train de faire rapidement une grosse fortune. Emile eut donc beaucoup de peine à vivre de son art, malgré un réel talent et surtout l'extrême dextérité de main dont il avait .fait preuve déjà dans plusieurs opérations délicates.

Nous mîmes neuf jours à parcourir le long trajet qui sépare Stockton du Placer de San-Andrea, à la façon du pays, c'est-à-dire dans une mauvaise charrette traînée par des mules maigres et qui nous servait d'abri pendant là nuit à la halte que nous faisions chaque soir au milieu de ces plaines et de ces monts solitaires. Quand nous eûmes dévidé ce fatigant ruban de cinquante lieues, par des chemins presque impraticables, mais d'un pittoresque achevé, nous arrivâmes éreintés et fourbus, et il nous fallut plusieurs jours pour nous remettre.

Nous étions descendus dans une Tienda tenue par un français du nom de Chancelier, et lorsque nous eûmes pris ce qu'on appelle l'air du pays et choisi l'emplacement de notre future installation, nous nous rendîmes chez l'Alcalde

pour obtenir l'autorisation d'y dresser notre
tente. Huit jours après nous pendions la crémail-
lère et nous offrions une *tertullia* réussie aux
principaux mineurs du camp, ce qui nous mit
immédiatement dans les bonnes grâces de tous.

- Nous allions donc donner notre premier coup
de pioche ! C'était un moment solennel, et
quand nous arrivâmes dans la Cañade, où l'Alcalde nous avait concédé un *claim*, nous étions
plus émus que nous ne l'eussions pensé.

Pendant quinze jours nous minâmes avec une
ardeur méritoire, sans faire beaucoup plus que
nos vivres, soit une dizaine de piastres (50 fr.) par
journée. Ce résultat n'était pas brillant, car nous
y allions de tout cœur, et quand nous rentrions,
après une longue séance passée les pieds dans
l'eau et le corps exposé à un soleil dévorant,
nous trouvions que c'était se donner bien de la
peine pour peu de chose. Au camp, la moindre
denrée était hors de prix et encore n'y avait-il
guère de choix.

Nous pensâmes que notre *claim* n'était pas
bon et nous sollicitâmes une autre concession.
Nous n'y fûmes pas plus heureux, et le mois
s'écoula sans que nous eussions pu faire une
économie sérieuse.

O rêves de fortune, où étiez-vous alors ?

Emile renonça le premier à ce dur et décevant métier. La vraie mine n'était pas là pour lui, il l'avait deviné et ses prévisions ne le trompèrent pas. L'exercice de son état de médecin-chirurgien ne devait pas tarder, en effet, à lui procurer des gains qu'il eût peut-être toujours vainement demandés aux vallées californiennes. Entre les maladies causées par les fièvres intermittentes si cruelles en ces régions, les blessures faites par le couteau ou le revolver fréquentes parmi une pareille agglomération d'hommes grossiers et sans frein, les bras ou les jambes cassés par suite d'un accident de travail, il n'eut bientôt plus que l'embarras du choix, et l'or, introuvable dans la cañade, se mit à pleuvoir dans son escarcelle. Quand Emile quitta plus tard le camp de San-Andrea pour aller à Marysville, où il devait hélas ! mourir, il passait pour avoir amassé un joli magot, comme on disait. A l'appui de cette supposition, je me rappelle fort bien qu'il confia plusieurs fois à des Français, qui rentraient à San-Francisco, des sommes plus ou moins fortes que ceux-ci devaient déposer en son nom dans une banque quelconque. Ce pauvre Emile était un peu cachotier en affaires d'intérêts, et quoique vivant fraternellement ensemble, j'eus toujours la discrétion de ne jamais l'interroger.

Je continuai donc à miner seul, et malgré la mémorable découverte que je fis un jour d'une petite pépite adorable qui valait environ cent cinquante francs, je cessai bientôt un labeur au-dessus de mes forces et qui m'occasionnait, obligé comme je l'étais d'être presque toujours courbé, des afflux de sang au cerveau qui pouvaient me jouer un mauvais tour.

Cette bienheureuse pépite, du plus bel or jaune natif, je la conservai comme un précieux souvenir, et quand je revins à San-Francisco, je la confiai à un habile ouvrier Suisse, en y ajoutant quelques morceaux d'or rouge et de platine que j'avais trouvés également, et je me fis confectionner par lui une montre au cadran fort curieux et excellente que j'ai toujours, et qui est le seul vestige qui me reste de cet étrange et lointain passé.

Avant de quitter la vie de mineur pour me livrer à une autre profession, je dois décrire succinctement la physionomie du camp de San-Andrea, le genre de vie de ses habitants et le travail des Mines. On pourra, d'après cette esquisse, se faire une idée de tous les autres Placers qui, au fond, se ressemblaient beaucoup. *Ab uno disce omnes.*

San-Andrea était caché dans une petite vallée
dépendant, comme les milliers d'autres vallées
qui l'avoisinaient, des penchants des Cordillières dont les cîmes immenses, et principalement la Sierra Nevada, formaient au loin un
étincelant rideau. La nature y était d'une intensité inouïe et la végétation y offrait l'aspect le
plus luxuriant. C'était surtout magique pendant
la saison où nous allions entrer. Les vastes
prairies, au pied des monts, si célèbres dans les
romans immortels de Fenimore Cooper, étaient
déjà émaillées d'une variété incalculable de
fleurs agrestes, toutes plus éclatantes et plus
gracieuses les unes que les autres. Des arbres
énormes, gros comme vingt des nôtres, peuplaient des forêts que jamais la hache n'avait
fait retentir et où vivaient en paix d'innombrables animaux, poil et plume, ignorant encore le
chasseur. Des troupeaux sans fin de bisons et
de chevaux sauvages paissaient en liberté dans
les vallons où coulait quelque filet, échappé
d'un torrent des hautes montagnes.

C'était dans ces petites vallées, pareils à celle
de San-Andrea, et que l'on nomme Cañades, que
se trouvaient généralement les gisements aurifères. Un courant les parcourait d'ordinaire que
les mineurs utilisaient à leur fantaisie au moyen

de canaux, de manches ou de barrages. Dans
notre camp, comme du reste dans presque tous
les Placers du Sud, l'eau était souvent fort
rare ; alors les travaux s'interrompaient forcé-
ment et le mineur dépensait à s'enivrer et à
jouer l'or qu'il avait eu tant de mal à arracher à
la terre. C'était alors que pistolets et couteaux
avaient toute licence.

Le camp de San-Andrea avait, comme tous
les autres camps, la population la plus hétéro-
gène. On y rencontrait des spécimens peu flattés
de toutes les nations du globe, mais c'est surtout les Français et les Américains qui en composaient la majeure partie. Le costume des
mineurs était pour tous à peu près le même :
de grandes bottes, un pantalon de grosse toile
l'été, d'épais molleton l'hiver, une vareuse en
flanelle rouge, bleue ou brune, et un large panama ou un béret en laine, selon la saison. Les
vivres étaient rares et exorbitamment chers,
car il fallait tout tirer de San-Francisco. On ne
se nourrissait que de pain grossièrement pétri,
de riz, de haricots, de morue sèche et de quelques conserves de viandes, vieilles et souvent
avariées, et d'échauffantes salaisons. La chair
fraîche y faisait défaut très fréquemment, car
aucun mineur n'aurait voulu perdre une jour-

née, quand il y avait de l'eau, pour aller chasser un buffle dans les Prairies. On en était donc réduit à attendre que quelques Indiens amenassent un ou plusieurs de ces animaux, et il est arrivé plus d'une fois à ces infortunés Peaux-Rouges de n'être payés de leurs peines et de leur marchandise qu'en coups et en vexations de toutes sortes, surtout s'ils avaient eu la malechance de tomber sur un jour de sécheresse où les mineurs, ne travaillant pas, encombraient le camp, ivres et querelleurs.

Cette situation précaire m'avait frappé. Je me souvins qu'à San-Francisco aussi la viande avait manqué dans les commencements de l'immigration et que c'était précisément cette pénurie qui avait suggéré au marquis de Pindray l'idée d'une industrie qui lui avait donné de grands bénéfices. Je résolus donc de l'imiter, et puisque la Cañade ne me payait pas de *mine*, d'utiliser, au profit des mineurs et au mien, le coup d'œil et le jarret que je tenais de la nature. Pendant quatre mois, je vécus de la chasse, ou pour mieux dire, j'en fis vivre les autres, et quand je quittai le Placer de San-Andrea, au mois de juin, j'emportai, en belle poudre d'or ou en pépites, la rondelette somme de douze cents dollars (6,000 francs), gagnée au bout de

mon fusil, et après avoir mené une existence
très coûteuse, car maniant beaucoup d'argent,
je ne me refusais rien. Jamais ma pioche ne
m'eut rapporté autant !

Aussi, quels massacres et quelles hétacom-
bes en l'honneur du vieux Nemrod ! C'était la
terre promise du gibier, plus que celle de l'or,
qu'il aurait fallu dénommer la Californie ! Il y
en avait pour tous et pour tous les goûts. Dans
les riantes vallées, des compagnies de plusieurs
milliers de colins, ces charmants perdreaux à
huppe, me partaient dans les jambes de plusieurs côtés à la fois et de mes deux coups,
tirés au beau milieu sans prendre la peine
d'ajuster, j'en abattais ordinairement quinze ou
vingt ; il m'est arrivé de tuer dans une seule
journée jusqu'à deux cents de ces délicieux
gallinacés. Les abords des montagnes m'offraient en abondance des myriades de lapins et
des lièvres gros comme de petits agneaux ; les
cours d'eau un peu importants, des nuées d'oies
et de canards sauvages. Dans les bois peu
touffus, je n'avais que l'embarras du choix
entre les écureuils gris à la chair exquise et les
ramiers, tandis que les grandes forêts me réser-
vaient des coups plus glorieux sur les chevreuils, les chats-tigres et les élans ; parfois

quelques ours s'y montraient aussi et je dus à
l'un d'eux un des plus terribles quarts d'heure
de mon aventureuse existence.

Je m'empresse d'autant plus de placer ici cet
émouvant épisode que le lecteur fera en même
temps une connaissance nécessaire avec Vacotah, chef de la tribu des Indiens Monos, qui
devint un ami précieux pour moi et me sauva
plus tard la vie.

Donc, je venais de décharger mes deux ca-
nons sur un chevreuil que j'avais simplement
blessé ; il fuyait à travers la ramée, je le voyais,
et je me mis à sa poursuite dans l'espérance qu'il tomberait mort quelque part, mais
sans avoir eu la précaution de recharger mon
arme. J'arrivai dans une petite clairière, mais
là je perdis l'animal de vue. Comme je me bais-
sais pour examiner le sol, quelle ne fut pas ma
surprise, je dirai même ma terreur, en apercevant des empreintes et des excréments d'ours,
de fraîche date !

Il faisait une chaleur accablante et je ne dou-
tai pas qu'il y en eût un endormi sous quelque
buisson ; il ne m'avait sans doute pas entendu,
car la nature sablonneuse du terrain avait
étouffé le bruit de mes pas. Sans demander
mon reste, comme on le pense bien, je pris ma

course avec toute la célérité de mes jambes de
vingt-cinq ans, et après avoir fait plusieurs
centaines de mètres, je m'arrêtai pour recharger mon fusil à tout hasard. J'allais reprendre
ma route, quand je me trouvai face à face avec
un splendide Peau-Rouge, armé en chasse et
suivi de deux monstrueux chiens qu'un autre
Indien tenait en laisse. Il m'aborda poliment en
mauvais jargon espagnol.

— Caballero, me dit-il, est-ce Votre Seigneurie qui a tiré tout à l'heure ?

— Oui, amigo, c'est moi ! lui répondis-je.

— Sur un ours ?

— Non, sur un coquin de chevreuil que j'ai
très proprement manqué....

— Mais l'ours ?... Vous ne l'avez pas vu ? fit-
il avec insistance.

— Non, mais je crois qu'il n'est pas loin...

Et alors je lui expliquai ce qui venait de se
passer. A mesure que je parlais, la figure du
Peau-Rouge s'épanouissait, et quand j'eus fini,
il me dit tout joyeux :

— Restez-là, caballero... Ça ne sera pas trop
long !... Je pousserai le cri du coyote et vous
viendrez me rejoindre....

Et faisant un signe à son serviteur, il se dirigea vivement vers la clairière que je venais d'abandonner.

J'attendis assez longtemps avant de rien entendre, quand tout à coup un glapissement aigu traversa la forêt. C'était le signal et je m'avançai dans sa direction. Quelques minutes après j'étais près de l'Indien qui fumait tranquillement son calumet, assis sur le corps d'un énorme ours gris dont la poitrine était traversée, de part en part, par une flèche acérée. Qu'on juge de ma stupéfaction ! Il se mit à rire en regardant mon air effaré, et se levant pour retirer sa flèche :

— Vous voyez, caballero, il a son compte !... Le traitre ne viendra plus dans le camp de Vacotah, pendant la nuit, y égorger ses jeunes poulains !...

Et en disant ces mots, ses traits reflétaient un orgueil inexprimable.

A partir de ce jour, je revis très souvent Vacotah, dont la tribu habitait, à dix milles de San-Andrea, dans une large vallée fertile, près de Calaveras, adossée aux premiers grands contreforts de la Sierra Nevada. Je choisis désormais de préférence ce côté, d'ailleurs prodigieusement giboyeux, pour y établir mes chasses, et il ne se passait guère de semaine que je n'al-

lasse rendre visite à mon nouvel ami et lui porter tantôt quelques onces de bonne poudre an-
glaise, tantôt une fine bouteille d'excellent
brandy, deux choses qui lui étaient souveraine-
ment agréables. C'était alors une véritable fête
pour ce brave et loyal Indien que de me recevoir
et sa jeune femme, nommée Taméï, mettait le
wigwam en révolution pour me préparer quelque savoureuse tranche de venaison et de recon-
fortants breuvages.

Vacotah vint, à plusieurs reprises, me voir
au camp de San-Andrea, et chaque fois sa présence fut cause d'un tumultueux rassemblement
de mineurs devant ma porte. Il arrivait, en
effet, suivi d'un cortège fort original, composé
d'une douzaine des plus beaux guerriers de sa
tribu, équipés en guerre et montés sur de magnifiques *mustangs* à peine domptés sans bri-
des ni selles, et dont ils dirigeaient les fougueux
mouvements par la simple pression de leurs
genoux ou en prononçant quelques paroles
brèves et gutturales. Vacotah, extrêmement
orgueilleux comme tous les chefs Indiens, n'était
pas fâché de donner aux étrangers une haute
idée de sa puissance, et devant eux il conservait une réserve pleine d'une imposante fierté ;
il ne se déridait que lorsque les curieux étaient

partis et qu'une fois assis dans ma tente, entre Emile et moi, il se mettait à fumer et à boire longuement avec nous, pendant que son escorte l'attendait au dehors.

J'avais acquis une très grande popularité dans le camp, et l'on épiait tous les soirs mon retour pour m'acheter ou me *retenir* mon gibier. Je dis *retenir*, parce que je ne pouvais en rapporter moi-même qu'une quantité minime. Mais dès que j'étais rentré, j'envoyais mon domestique mexicain chercher le reste de ma chasse que je déposais dans des endroits désignés à l'avance, et d'où, une ou deux heures après, il me le ramenait à dos de mule. J'ai quelquefois réalisé plus de trente louis par journée, mais c'était évidemment là une exception, mon gain le plus habituel variant quotidiennement entre cent et deux cent cinquante francs. Pour en donner une idée, je crois intéressant de faire connaître les prix que les mineurs me payaient, et sans jamais marchander, tant ils étaient heureux d'avoir, au lieu de leur insipide nourriture, de délicats morceaux à se mettre sous la dent.

Voici cette nomenclature :

Un élan valait. . . . . 40 piastres ou 200 francs
Un chevreuil. . . . . 20 » 100 »

Un chat-tigre.....	5 piastres ou	25 francs
Un lièvre.........	3 »	15 »
Un écureuil.......	2 »	10 »
Une oie..........	2 »	10 »
Un canard........	1.50	7.50
Un lapin.........	1.50	7.50
Un colin huppé...	0.50	2.50
Un ramier........	0.50	2.50

Rarement, dans la semaine, mon camarade Emile m'accompagnait dans mes excursions ; il était trop affairé pour cela. Non seulement il avait toute la clientèle du camp, bien qu'il fut survenu de San-Francisco un espèce d'empyrique américain qui essaya de lui faire concurrence, mais encore sa réputation d'habileté s'était vite répandue dans les Placers environnants et il y était souvent appelé. Il gagnait donc aussi beaucoup d'argent. Nous avions acheté des chevaux de toute beauté et l'on peut croire que nous étions les mieux montés du camp ; en outre, nous avions mis notre installation intérieure sur un pied excessivement confortable, je dirai même luxueux pour le pays, ce qui ne laissait pas que de faire envie à beaucoup de gens, et faut-il l'ajouter, surtout à nos compatriotes.

C'était ordinairement le dimanche que ce bon

Emile venait chasser avec moi, et comme, déplorable marcheur, il lui eût été impossible de me suivre pendant dix heures, j'avais inventé pour lui un genre de sport peu fatigant et qui le ravissait.

J'avais découvert, dans mes longues pérégrinations, une délicieuse petite vallée, très étroite et très ombreuse, que traversait un gentil ruisseau, et qui n'était pas distante de San-Andrea de plus d'une heure. Tout le long de l'eau, j'avais remarqué un très grand nombre d'empreintes de pieds d'animaux divers, et j'en avais facilement conclu qu'ils venaient se désaltérer là, au point du jour. L'endroit était donc merveilleux pour les tirer à son aise. Cachée par des troncs d'arbres, je fis construire par mon mexicain une cabane en branchages, à une dizaine de mètres de cet abreuvoir naturel, et nous ne tardâmes pas à en faire brillamment l'inauguration. Il fallut partir du camp en pleine nuit, de façon à être postés avant l'aube et rester complètement immobiles, toutes ces bêtes sauvages ayant l'ouïe d'une subtilité extraordinaire. Nous tuâmes, à notre premier affût, un élan et trois chevreuils, de nos quatre coups de fusils envoyés en même temps, car nous savions très bien qu'après les détona-

tions, les animaux effrayés ne reparaîtraient
plus jusqu'au lendemain. C'était donc un billet
de cinq cents francs que nous allions monnayer
au camp, dès que Matias, mon mexicain, y
aurait transporté nos victimes !

Comme nous atteignions, vers dix heures du
matin, les premières tentes de San-Andrea,
nous fûmes étonnés de l'agitation qui paraissait y régner. En outre, en approchant de notre
habitation, nous vîmes un grand rassemblement formé précisément devant notre porte et
l'Alcalde du camp qui semblait nous attendre
avec impatience. Dès qu'il aperçut Emile, il
courut à sa rencontre, et sans lui donner le
temps de se reconnaître, il l'entraîna rapidement, après lui avoir dit quelques mots à
l'oreille. La foule les suivit et je fis comme la
foule, très intrigué d'apprendre la cause de tant
d'émotion. J'interrogeai mes plus proches voisins et j'appris qu'un assassinat avait été commis, la nuit même, dans la Tienda Del Perro.

C'était une taverne assez infecte où se réunissait, autour d'une table poisseuse, la lie de la
population des joueurs de monte. Or, un Mexicain de Calaveras, qui était venu passer la
journée dans notre camp, avait eu la chance
peu compréhensible de gagner quelques onces

au banquier ; puis, son domicile étant trop éloigné, il s'était philosophiquement enveloppé dans
son zarape et n'avait pas tardé à s'endormir profondément dans un coin de la salle. Il ne devait
pas se réveiller ! Le matin, on avait trouvé ce
malheureux percé de neuf coups de poignard
et complètement dévalisé, cela va sans dire.
On arrêta deux espagnols qu'on avait vus rôder
autour de la victime et qu'on supposa être les
auteurs du crime. L'un d'eux parvint à s'éva-
der, et l'autre, un jeune homme de dix-huit ans
à peine et d'une beauté telle que je n'en ai
jamais vue, soutint avec un sang-froid imper-
turbable l'interrogatoire que lui fit subir l'Alcalde et nia énergiquement. C'est alors que ce
magistrat était venu chercher Emile pour examiner le cadavre et voir si l'arme qui avait été
saisie sur les espagnols, s'adaptait à la largeur
des blessures. La réponse de mon ami ne laissa
aucun doute à cet égard ; de plus, il constata
que de légères taches de sang marbraient la
manche de la chemise de l'accusé et qu'elle
était déchirée comme à la suite d'une lutte. Ac-
cablé par l'évidence, le coupable avoua tout.
Il fut condamné à être pendu le soir même. Je
ne crois pas que jamais, en aucun pays, un
homme, presque un enfant, ait montré en face

de la mort, et quelle mort ! une impassibilité
aussi prodigieuse que celle de cet Adonis espagnol. Pas un muscle de son visage ne tressaillit, pas un battement de son cœur ne s'accéléra.
et il avait déjà la corde au cou qu'il fumait
encore sa dernière cigarette ! C'était grandiose
et horrible à la fois !

On pense bien, quoique je n'en aie pas encore
parlé, que pendant mes nombreuses battues à
travers plaines et montagnes, j'avais dû souvent
rencontrer des serpents ; il y en a beaucoup, en
effet, en Californie. Le plus connu est le crotale
ou serpent à sonnettes, mais il n'en est pas le
plus dangereux. Jamais le serpent à sonnettes
n'attaque l'homme qui le laisse tranquille, il
fuit toujours à son approche, et j'en ai personnellement fait cent fois l'expérience. S'il est
poursuivi, harcelé, c'est autre chose, et malheur alors à celui qu'atteint sa dent terrible.
Constamment les Indiens parcourent leurs do-
maines, à peine chaussés, souvent pieds nus,
les cuisses découvertes jusqu'aux aines, et il
est excessivement rare qu'ils soient mordus par
ces reptiles venimeux. J'aurais pu en tirer beaucoup, mais je m'en suis toujours bien gardé,
car si l'animal n'eut été que légèrement blessé,
il se serait inévitablement élancé sur moi et il

est probable que je n'aurais pas eu le beau rôle.
Le serpent à sonnettes n'est vraiment redoutable que, quand endormi et lové sur lui-même
sous quelques feuilles mortes dont il a la couleur, on a le malheur de marcher sur ses anneaux enroulés. Alors, avec une rapidité fou-
droyante, il se redresse et c'en est fait de vous,
le plus souvent. A ce propos, j'aurai l'occasion
de raconter l'effroyable péril auquel je fus un
jour exposé et comment je pus m'y soustraire.

Il est deux autres espèces de serpents bien
plus à craindre que le serpent à sonnettes, c'est
le serpent sourd et le serpent-liane. Le premier est noir, court, gros, hideux, et n'entend
pas. Il serait facile de le piétiner, mais il dégage
une odeur bien connue des Indiens et de leurs
chiens, qui les avertit du danger. Vacotah m'apprit à la reconnaître aussi et je pus toujours
éviter la mauvaise rencontre de cette vilaine
bête. C'est encore Vacotah qui me prémunit
contre le piège du serpent-liane qui, long, effilé
et de nuance d'écorce, se suspendant par la
queue à la basse branche d'un arbre, se balance
doucement jusqu'à ce qu'un mauvais destin
amène un passant à sa portée, s'enroule trois
ou quatre fois autour de son cou et l'étrangle,
en le mordant en même temps. Si on a le loisir

d'apercevoir cet odieux reptile, il suffit du plus
petit coup de la plus mince baguette pour lui
·briser le corps.

· Emile et moi nous revenions, un dimanche,
de notre affût hebdomaire, lorsque nous fîmes
lever une colossale compagnie de colins à huppe
où nos quatre coups de fusil laissèrent bien
des vides. Après avoir traversé l'étroite vallée
où nous étions, ces volatiles étaient allés se re-
miser au sommet d'une colline fort aride qui
nous faisait face et où nous résolûmes de les
poursuivre. Parvenus en haut, nous les vîmes
courir devant nous jusqu'au bord d'une espèce
de plateforme d'où ils prirent tous leur vol sans
que nous pussions les tirer une seconde fois.
Nous arrivâmes nous mêmes à cet endroit et
nous y fumes frappés d'un spectacle inoublia-
ble. A trente pieds environ au-dessous de nous,
sur un large entablement de roches, grouillait
un horrible nid d'au moins une centaine de serpents, gros, petits, longs, trapus, de toutes les couleurs, les uns endormis, les autres s'étirant, se
dévidant, s'enchevêtrant, aux rayons d'un soleil
de feu et qui tombait d'aplomb sur leurs corps
luisants et visqueux. A notre vue ces monstres
poussèrent des sifflements affreux en cherchant
à se dresser contre nous. Mais la muraille au

bas de laquelle ils se vautraient était à pic et ne
leur offrait aucun point autour duquel ils pus-
sent s'enrouler pour leur ascension. Nous ne
risquions donc absolument rien et c'est avec
beaucoup de calme que, du haut de notre ob-
servatoire, nous les saluâmes d'une quadruple
salve de nos armes. Faut-il décrire l'horrible
tableau qui s'offrit alors à nos yeux? On le voit
d'ici. Des tronçons sanglants, des têtes, des
queues sautant de tous les côtés, un fouillis
inénarrable, une bouillie de chairs pantelantes!
Et quand je pense qn'un faux mouvement, un
rien, le hasard peut-être, suffisait à précipiter
l'un de nous dans cet immonde cloaque de
venin, je sens encore mon cœur se glacer d'un
indicible effroi!

Depuis longtemps, j'avais formé le projet,
avec Emile, de visiter le camp des Forcades.
Nous profitâmes d'un moment où les malades et
les blessés lui laissaient un peu de répit, pour
entreprendre notre excursion. Supérieurement
montés tous deux, nous avions déjà franchi les
trois quarts des vingt kilomètres qui séparaient
les deux Placers, lorsque, dans un chemin
creux en assez bon état et qui suivait les
sinuosités d'une vallée délicieusement pittoresque, nous vîmes, venant à nous d'un galop

effréné, deux cavaliers dont l'un semblait poursuivre l'autre. Le plus éloigné, en nous apercevant, se mit à pousser de grands cris et à
faire avec les bras des gestes désespérés, tandis
que le plus avancé, redoublant la vitesse de
son coursier écumant, gagnait visiblement du
terrain et allait passer près de nous comme un
éclair, lorsque après nous être consultés, nous
lui barrâmes la route, revolver au poing ; car
connaissant à fond les mœurs des Mines, il
nous avait été facile de deviner qu'entre ces
deux hommes il se jouait en ce moment quelque partie plus ou moins dramatique. C'était
un Mexicain à mine de bandit qui, voyant la
barrière infranchissable que nous lui présen-
tions dans un passage aussi resserré, s'arrêta
court, sauta à bas de son cheval qu'il abandonna et essaya de gravir vivement la colline.
Mais l'autre cavalier avait eu le temps de se
rapprocher, et d'un coup de feu bien ajusté, il
cassa la jambe du fuyard. Puis, se tournant
vers nous, il nous dit en français, avec un accent méridional :

— Merci, messieurs, car je crois que sans
vous, je n'aurai jamais rattrappé cette canaille...

Et descendant de cheval, il prit le licol qui

entourait son cou et se mit en devoir de lier les mains du blessé ; puis il le fouilla et retira de la poche de son calzonero une grosse bourse en cuir bien gonflée. Nous avions également mis pied à terre et nous avions suivi notre compatriote pour l'aider dans sa besogne. Il avait ôté son large panama, et plus je le regardais, plus il me semblait que ses traits ne m'étaient point inconnus ; j'avais vu cet œil quelque part, ce son de voix ne m'était pas étranger, seulement la longue barbe châtain du personnage déroutait ma mémoire. De son côté, il me dévisageait beaucoup et paraissait aussi recueillir ses souvenirs. Il reprit la parole :

— Si vous allez aux Forcades, j'espère bien, messieurs, que vous descendrez chez moi... Ma tente est grande et vous y trouverez encore le fond d'une bonne terrine de foie gras de Tou_ louse !...

Toulouse ! Ce fut un trait de lumière et je n'eus plus le moindre doute que j'avais devant moi un de mes anciens condisciples de la Faculté de Droit, avec lequel j'avais été dans ce temps-là très intime. Je frappai un grand coup pour en être plus sûr.

— N'êtes-vous pas Cazalens ? lui dis-je à brûle pourpoint.

— Oui, c'est mon nom, fit-il sans trop d'étonnement... Mais attendez donc, je vous reconnais
aussi à ces yeux bruns que je n'ai pas oubliés...
Vous êtes Lapeyrouse !

— Allons donc !... Nous ne nous trompions
pas !...

En disant ces mots, je l'embrassai cordiale-
ment et il me rendit chaleureusement ma fra-
ternelle accolade. Puis je lui présentai Emile
et ils se serrèrent la main.

— Mais quelle singulière rencontre ! repris-
je.... Explique nous pourquoi tu avais si vive
maille à partir avec ce gredin...

— Rien de plus ordinaire et ça ne t'étonnera
guère si tu es depuis quelque temps aux mines....
Ce chenapan s'était introduit dans ma tente par
derrière, après l'avoir fendue avec son couteau,
et m'avait volé toutes mes économies de huit
mois, environ 500 piastres (2,500 fr)... J'étais
dans la Cañade pendant qu'il me dévalisait, et
quand je revins, le désordre de mon logis me
révéla promptement la triste vérité... Je sortis
exaspéré, ne rêvant que feu et sang... Un voisin
m'informa qu'il avait vu rôder autour de chez
moi un Mexicain, nommé Paco, très mal famé
dans le camp, lequel avait un moment disparu,
puis avait enfourché un cheval attaché près de là

et s'était prestement éloigné par la route de Stockton... Plus de doute, c'était mon voleur... Je courus à la Tienda de maître Bob, très fréquentée par les mineurs des camps environnants, et sautant sur la première rosse que je trouvai à la porte, je me mis résolument à la poursuite du seigneur Paco... Mais ma bête n'avait pas de jarret, et le sacripant m'eût sûrement échappé sans votre providentielle apparition...

— Providentielle est le mot !... Ça, tu peux le dire, car voilà quatre mois que nous sommes à San-Andrea et nous aurions pu faire depuis longtemps l'excursion des Forcades.... Mais noñ, le Ciel a voulu que nous ne l'entreprissions qu'aujourd'hui, afin de te rendre un signalé service !...

— *All is well that ends well!* fit-il en me prenant affectueusement la main... Maintenant je te tiens, et tu vas me consacrer quelques jours, n'est-ce pas, cher ami ?

Nous l'aidâmes à attacher l'intéressant Paco sur le dos de la rossinante, nous nous remîmes en selle, et Cazalens s'appropriant l'excellente monture du Mexicain, s'écria gaîment :

— Illustre Paco, tu as joué au voleur volé. Il me manquait un vigoureux cheval et le tien fait joliment mon affaire...... En route, Messieurs !

Une heure après nous arrivions aux Forcades. Notre premier soin fut d'aller remettre le prisonnier entre les mains de l'Alcalde, puis nous ne nous occupâmes plus de cet incident.

Nous ne voulions que rester quatre jours aux Forcades, nous y en passâmes huit. J'esquisserai plus loin, quand je parlerai de Martial Hubert, la physionomie de ce vieux Placer, qui fut à l'origine un des plus productifs de la Californie.

Nous assistâmes, pendant notre séjour chez mon ancien camarade, à une scène atroce dont je ne me souviens qu'avec dégoût, quoique j'aie depuis lors habité la Russie où il n'est pas rare d'en être souvent témoin. Un juif, employé chez un *Ship-Chandler* de l'endroit, avait dérobé à son patron un chèque tout signé de trois mille piastres (15,000 francs) sur la maison Davidson de San-Francisco et avait lestement pris la poudre d'escampette. On lui donna vigoureusement la chasse, car il était à craindre qu'il n'arrivât le premier à San-Francisco, ne touchât les fonds et ne disparut à tout jamais, puisque le télégraphe n'existant pas, il était impossible de prévenir le banquier en

temps utile. On eut l'heureuse chance d'arrêter
le voleur au moment où il allait prendre le bateau qui fait le service entre Stockton et San-
Francisco. On le ramena aux Forcades et le
Juge du District, n'estimant pas que la peau
d'un juif valait l'honneur de la potence, lui
infligea le supplice du fouet. Je vois encore ce
misérable fils d'Abraham, traîné, déjà à moitié
inanimé, au milieu de l'enceinte à clairvoies
palissadées où se donnaient les combats d'ours
et de taureaux sauvages et qu'entourait une
foule turbulente, avide du spectacle qui allait
lui être offert. Le patient fut mis à nu jusqu'à
la ceinture et placé, les mains liées à un poteau,
devant un peloton de six solides mineurs, armés
de grosses lanières à nœuds, en cuir graissé
soigneusement. Il devait recevoir soixante
coups, c'est-à-dire que chaque exécuteur devait
le frapper dix fois! Le malheureux, réveillé par
la douleur, poussait des hurlements épouvantables et suppliait qu'on l'achevât d'un coup de
pistolet. Au quarantième coup, sa tête, son
dos, ses reins, ne présentaient plus qu'un
amas de chairs écrasées, d'où ruisselait à flots
un sang noir et fumant. Aucun cri ne s'exhalait
plus de sa poitrine déchirée; son crâne, d'où
lui sortaient les yeux, ballottait inerte sous

6

chaque nouveau coup de fouet ; la vie allait
l'abandonner ! L'Alcalde fit alors cesser l'exécution, au grand désappointement des spectateurs
qui s'amusaient extraordinairement. Cet infortuné fut reconduit en prison et y mourut quelques heures plus tard.

Nous prîmes enfin congé de Cazalens qui me
promit de venir me rendre visite à San Andrea.
Il en fut sans doute empêché, car je ne le revis
pas, du moins en Californie. Bien, bien longtemps après je retrouvai cet aimable garçon à
Paris, où il est mort, il y a quatre ans à peine,
Maître des Requêtes au Conseil d'État !

Le camp de San-Andrea, au moment où nous
y rentrâmes, respirait la plus bruyante allégres-
se. De tous les côtés, nous entendions des hurrahs, des chants stridents, des coups de feu,
des sonneries de trompe et jusqu'aux notes
fausses d'un méchant cornet à piston que nous
ne connaissions que trop et dont un de nos compatriotes, mélomane incompris, estropiait tous
les soirs nos oreilles. Nous fûmes aux infor-
mations. C'était encore cet enragé de Jean-Marie qui venait de faire des siennes !

Avant d'aller plus loin, il est nécessaire que
je m'arrête un instant pour présenter au lecteur
ce nouveau personnage qui réalisa le type le

plus excentrique du mineur affolé par le succès
et qui passa comme un rutilant météore sans
laisser derrière lui la moindre traînée bienfaisante.

A cette époque, presque tous les voiliers qui
arrivaient à San-Francisco avaient une peine
extraordinaire à pouvoir en repartir. La désertion
des équipages se pratiquait en grand et sans
qu'il fut possible de l'enrayer. Maints navires,
huit jours après avoir mouillé, n'avaient plus à
bord qu'un seul homme, le capitaine. Jean-Marie, jeune novice breton, âgé de dix-huit ans,
était un de ces transfuges, et à peine échappé
du pont de son bateau, il était accouru aux
Mines de San-Andrea. Il y fut bientôt célèbre
par la chance insensée qui le suivait partout.
Pas un *claim* qui, pour lui, ne fut bondé de
poudre et de pépites ! Pas un coup de pioche
qui ne s'abattit sur quelque morceau d'or d'un
volume inusité ! En peu de temps, Jean-Marie
se vît maître d'une somme énorme pour tout le
monde, et surtout pour lui, plus de 300.000 fr.!
Mais alors il perdit la tête et se livra à toutes
les extravagances. Les femmes, avec lesquelles
il ne comptait pas ; le jeu le plus effréné, qui en
faisait une proie assurée pour les habiles tail-
leurs de monte ; les orgies sans fin dans les

Tiendas où il s'enivrait, en tenant table ouverte; tout enfin se réunit pour faire fondre avec rapidité l'or qu'il avait recueilli non moins promptement.

Pour donner une idée des bizarres conceptions de Jean-Marie, je citerai seulement le fait suivant dont j'ai été plusieurs fois témoin au temps de sa splendeur. Il faisait remplir son trou, jusqu'aux trois quarts, de vin de Champagne et y prenait un bain voluptueux. Or, ce pétillant breuvage coûtant à cette époque dix dollards (50 fr.) la bouteille, et chacune de ses immersions en exigeant au moins une centaine, c'était à cinq mille francs environ que lui revenait ce raffinement de jouissance ! Il appelait ça *faire la toilette de son claim !*

Chaque fois que Jean-Marie se livrait à ce sybaritisme inconnu, la note gaie ne manquait pas à la cérémonie et l'on voyait alors les mineurs, quand il était sorti de cette singulière baignoire, en absorber délicieusement le contenu en y puisant jusqu'à la dernière goutte! Pouah !

Ruiné par son inconduite, Jean-Marie se remit au travail, mais il était déjà fatigué, étiolé, sans ressort. Cependant son insolent bonheur ne l'abandonnait pas encore, il trouvait toujours dix fois plus d'or que les autres et le jour où nous revenions des Forcades, notamment, il avait opéré un nouveau miracle.

Il rentrait au camp, sans avoir réussi autant que d'habitude, lorsqu'en passant près d'une Cañade délaissée par les mineurs comme ne donnant plus rien, il eut la fantaisie de lancer quelques coups de pioche dans un vieux *claim* depuis longtemps quitté par son propriétaire. Tout à coup son outil résonna sur un corps dur, et bientôt, d'entre les racines d'un gros arbre qui croissait au bord du trou, il déblayait un bloc d'or pesant 43 livres, soit plus de 65.000 francs ! C'était pour fêter ce nouvel exploit que le camp de San-Andrea était en révolution au moment de notre retour.

Qu'ajouterai-je ? La nouvelle fortune de Jean-Marie fut encore plus vite dévorée que la première. Quand, deux mois après, je quittai les Placers pour revenir à San-Francisco, sa veine était enfin tarie, il végétait dans la misère la plus noire, hébété par une ivresse continuelle et par le culte trop fervent qu'il avait voué aux malpropres beautés du crû. J'appris plus tard qu'il avait été tué à la suite d'une rixe avec des Mexicains de la pire espèce dans un ignoble bouge, à la fois lupanar et tripot. Ce fou pouvait-il finir autrement ?

J'ai dit que les mineurs se montraient souvent méchants, et quelquefois cruels, pour les Indiens qui se présentaient de temps à autre dans le camp. Vacotah seul, quand il venait me voir, avait pu trouver grâce devant ces vexations ; était-ce parce qu'il était toujours solidement accompagné ou par égard pour moi qu'on s'abstenait de le molester? Les deux hypothèses sont admissibles. Mais les Peaux-Rouges isolés ou par petites bandes, qui descendaient parfois à San-Andrea, étaient certains d'y rencontrer les plus mauvais traitements ; leur sort devenait surtout lamentable s'ils avaient eu l'imprudence d'amener avec eux quelques femmes. On grisait à outrance ces malheureux, on les rouait de coups, on les jetait tout nus à la porte des tentes. Quant aux Indiennes, je laisse à penser ce qu'on en faisait, et lorsqu'on se décidait à les renvoyer, c'est que la moitié du camp avait assouvi sur elles ses brutales passions.

Un dimanche, au lieu d'aller à l'affût de la grosse bête, Emile me proposa de chasser simplement les colins des environs. Nous partîmes vers midi, et comme nous dépassions les dernières tentes du camp, nous nous croisâmes avec une quinzaine d'Indiens, mâles et femelles. Nous échangeâmes quelques mots et ils nous dirent qu'ils se rendaient à San-Andrea pour acheter des étoffes destinées à une assez jolie fille, ma foi, qu'ils nous montrèrent parmi eux, et qui allait épouser un jeune guerrier de la tribu, également présent. Nous leur souhaitâmes bien du plaisir, mais sans beaucoup de confiance dans la réalisation de notre vœu.

Le crépuscule commençait à se faire quand nous rentrâmes. Je vois encore le chemin que nous suivions bras dessus, bras dessous, nos fusils en bandoulière et causant joyeusement. C'était un sentier large à peine de quatre mètres, bordé de chaque côté de talus où s'échelonnaient quelques touffes d'arbustes sombres. Tout à coup, quelque chose d'insaisissable, une ombre, passa en bruissant entre nos deux têtes, à la hauteur des tempes.

— Quelque colibri qui regagne son nid, me dit Emile en riant... J'ai senti comme le vent de son aile!

J'avais porté rapidement mon regard en avant et à quelques mètres de nous j'entrevis, avec effroi, une longue flèche plantée en terre et dont la tige empennée tremblait encore.

— Tiens, voilà ton colibri, dis-je à mon ami en lui montrant sa méprise... Comprends-tu ?

Il saisit son fusil et se retournant vers les

talus boisés, il chercha s'il apercevrait l'auteur de cette lâche agression.

— Ne nous arrêtons pas, fis-je en l'entraînant... Tu connais l'habileté des Indiens et si celui-ci nous a manqués une première fois, il ne faut pas attendre une seconde flèche... Filons et lestement!

Nous eûmes en arrivant au camp, qui n'était pas éloigné, la clef de cette aventure qui aurait pu être si terrible pour l'un de nous. Les mineurs s'en étaient donnés à cœur joie avec les Peaux-Rouges que nous avions rencontrés le matin, et il n'est pas de persécutions odieuses, de bestiales brutalités qu'ils ne leur eussent fait subir. La jolie Indienne, surtout, délicat morceau pour ces misérables, fut indignement souillée et laissa sous plus d'une tente les débris de la fleur virginale qu'elle gardait pour son fiancé.

Tout s'expliquait dès lors facilement. Le Peau-Rouge est excessivement vindicatif et il ne pardonne jamais une offense. Or, les malheureux qui s'étaient vus si barbarement traités ne devaient rêver que vengeance, et il était évident que l'un d'eux, et vraisemblablement même le jeune guerrier privé si vilainement de son plus doux cadeau de noce, avait dû s'embusquer dans le sentier que nous avions pris, pour tuer à son aise le premier étranger qui s'y engagerait. Donc, si l'un de nous avait échappé à une mort probable, nous pouvions affirmer à coup sûr que le tireur devait être dans un état complet d'ivresse pour avoir ainsi failli à son adresse redoutable.

Emile venait d'être mandé au Placer de Marysville, à soixante-cinq milles de Sacramento, dans les mines du Nord, car sa réputation d'habile chirurgien s'était étendue fort loin, portée de camp en camp par les mineurs nomades. Il s'agissait d'une opération difficile et il devait me quitter sous peu de jours. Je lui avais souvent parlé des arbres colossaux que j'avais remarqués dans mes pérégrinations, et naturaliste distingué, il désirait vivement les étudier.

On connaît, en Californie, sept localités plus ou moins célèbres par leurs arbres géants, mais les deux principales sont Mariposa et Calaveras. Cette dernière étant la plus rapprochée de nous, nous lui donnâmes la préférence.

Cette course, un peu longue, valait bien la peine d'être entreprise. Le spectacle qui nous attendait à Calaveras dépasse tout ce que l'ima-

gination peut concevoir. Ces incommensurables
Boababs, d'une hauteur et d'une grosseur déjà
prodigieuses de notre temps, se sont encore depuis singulièrement développés, et voici, d'après
le *Pacific Tourist guide*, les stupéfiantes mesures qu'ils offrent aujourd'hui :

	Hauteur	Circonférence.
The father of the forest (*Le père de la forêt*).	435 pieds	110
The mother of the forest (*La mère de la forêt*).	321	90
Hercules	320	95
Hermit	318	60
Pride of the forest (*L'orgeuil de la forêt*).	276	60
Three Graces (*Les 3 grâces*).	295	92
Husband and Wife (*Mari et Femme*).	252	60
Burnt tree (*L'arbre brûlé*).	320	97

On cite encore Old maid (*la vieille fille*), Old
Bachelor (*le vieux garçon*), Siamese Twins (*les
jumeaux siamois*), Mother and sons (*la mère et
ses fils*), Two Guardians (*les deux gardiens*),
et un assez grand nombre d'autres encore,
comme dignes de l'admiration des voyageurs.

Pour donner une idée de ces géants, inconnus de nos forêts, je dirai que dans le pied d'un
de ces arbres, où le temps a percé, au ras du
sol, un arceau immense qui semble un tunnel,
les promeneurs passent par groupes, et que dans
le tronc creux d'un autre, couché par terre où il
pourrit depuis des années, un cavalier et sa
monture peuvent caracoler à l'aise.

Le moment était arrivé où mon cher Emile
devait s'absenter pour plusieurs semaines. Notre séparation fut pénible et je ne pus me défendre d'un sentiment de profonde tristesse.
Qu'on nie les pressentiments !

Je demeurai donc seul et continuai mon genre
d'existence de chasseur insouciant. Mais elle
ne devait pas tarder à se terminer d'une façon
dramatique.

Un jour, vers cinq heures de l'après-midi,
j'étais assis devant ma tente, au retour d'une
longue traite, les pieds nus et chaussés de lar-
ges sandales en corde, afin de me mieux délas-
ser. Mon serviteur mexicain, qui revenait de
ramasser du bois mort, m'informa qu'il avait
vu, à deux cents pas derrière notre habitation,
un joli vol de colins qui venaient de se tapir
dans les buissons. Quoique fatigué, je ne pus
résister à la tentation d'en démonter quelques-

uns, et prenant mon fusil, je me dirigeai, dans le costume léger que je portais, vers l'endroit que Matias m'avait indiqué. Contre leur habitude, les colins, disséminés dans les touffes vertes, ne partirent pas en bloc, mais presque tous séparément, et j'en fus réduit à n'épauler que pour tirer celui qui se présenta à la meilleure portée. Je l'avais vu tomber, mais je ne le trouvai pas. Peut-être que blessé seulement, il s'était coulé dans les herbes. Je me mis donc à le chercher de nouveau, et comme je venais d'entrer dans un petit taillis de ronces et de broussailles, je ressentis tout à coup, à la jambe droite, une douleur aigue comme la piqûre d'un poignard. Je vis aussitôt s'enfuir un gros serpent à sonnettes, je compris le malheur qui m'arrivait et de mon second coup de fusil je coupai la maudite bête en plusieurs morceaux. C'était le premier que je tuais, et je puis le dire, à mon corps défendant. J'avais mis le pied au beau milieu des anneaux du reptile endormi, et comme on le sait, je n'étais chaussé que d'espadrilles. J'avais été mordu à la cheville interne, à un pouce d'une veine ! Je frissonne encore en songeant que si la dent du monstre avait déposé son venin dans la veine elle-même, il se serait à l'instant infiltré dans tout mon être, et rien n'aurait pu me sauver.

Je regagnai péniblement ma tente où Emile, malheureusement, n'était plus là pour me donner les premiers soins et cautériser ma blessure. Je fis immédiatement monter Matias à cheval avec ordre de courir, bride abattue, jusqu'au camp de Vacotah et de me le ramener du même train.

Je ressentais les commencements d'un malaise extraordinaire, comme un engourdissement de tout mon individu ; ma peau était brûlante et une soif intense me desséchait le gosier. Je sentais le mal empirer de plus en plus, quand Vacotah entra dans ma chambre. Il n'eut besoin que de me regarder pour voir qu'il n'y avait pas de temps à perdre. De son couteau à scalper, il débrida la plaie ; puis prenant quelques feuilles d'*Yerba buena* toute fraîche qu'il avait cueillie en route, il les mâcha longuement pour en former une pâte, et l'appliqua sur la morsure en la serrant fortement avec des bandes de linge. Ensuite, il ordonna à Matias de faire bouillir immédiatement la racine, afin de me donner à boire aussi vite que possible plusieurs tasses de cette décoction. Cela fait Vacotah, s'assit auprès de mon lit et attendit le résultat de ce premier pansement. Je dormis trois heures, et quand je me

réveillai, je vis la figure de Vacotah exprimer
un air de satisfaction véritable. Je me sentais
un peu mieux, en effet, et le gonflement qui
m'avait déjà envahi, demeurait stationnaire.
Pendant deux journées encore, le brave Indien
resta près de moi et ne consentit à me quitter
qu'après s'être convaincu que tout danger avait
disparu. Je continuai son traitement miraculeux
pendant quelques jours encore, au bout desquels
la plaie se referma tout à fait et le boitement
que j'avais contracté diminua graduellement. Il
m'est resté de cette triste aventure, outre un
impérissable souvenir, deux choses : la cicatrice
d'abord, puis un fréquent affaiblissement dans
toute la jambe quand je me livre à une marche
un peu prolongée. Mais quelle reconnaissance
éternelle ne dois-je pas au bon Vacotah qui me
sauva jadis la vie !

Pour terminer cet incident, il me reste à dire
que les femmes Indiennes, quand elles vont au
ruisseau laver leurs guenilles, emploient, en
guise de savon, la bulbe de l'*Yerba buena*, qui
est une plante à oignon excessivement commune
en Californie, et dont le frottement dégage très vite
autour d'elles une nappe de blanche mousse. Ce
phénomène s'explique par la quantité énorme
d'alcali naturel que renferme cette plante bien-

faisante, ce qui la rend si souveraine dans la cure des morsures de serpents.

Je me rétablissais à peine quand m'arriva la funèbre nouvelle de la mort de mon pauvre ami Emile Amouroux. Il avait succombé aux terribles fièvres paludéennes intermittentes qui désolaient alors le Placer de Marysville. Ce fut un coup affreux pour mon cœur qui saigna bien longtemps de cette perte cruelle.

Je n'avais plus rien à faire à San-Andrea désormais. Je fis emballer tout ce que je possédais, je vendis ma tente et ma cavalerie, et je repris le chemin de San-Francisco.

… Je me reposai quelques jours ; mon corps et
mon âme en avaient besoin.

Nous étions à la fin de juin 1852. La fête de
l'Indépendance américaine du 4 juillet approchait, et le gouverneur de San-Francisco avait
promis, entre autres réjouissances, un combat
d'ours et de taureau sauvage à la Mission Dolores.

Cette Mission, à laquelle on parvenait par
une route de cinq kilomètres, toute en madriers
disposés transversalement et sur laquelle véhi-
cules, cavaliers et piétons produisaient un bruit
assourdissant, datait de la domination espagnole. C'était, quand je la vis pour la première
fois, un grand bâtiment fortement délabré
qu'entouraient quelques chétives masures où
les Padres logeaient autrefois les Indiens qu'ils

catéchisaient. Quelques prêtres l'habitaient encore, mais n'avaient plus de prosélytes à former. Ils s'occupaient surtout de jardinage et faisaient vendre chèrement, sur le marché de San-Francisco, les légumes et les fruits qu'ils récoltaient ; ils élevaient aussi nombre de poules qui n'étaient pas leur plus mince revenu. Le croira-t-on ? Rien de plus vrai cependant : Un œuf *frais* coûtait une piastre (5 fr.) quand je débarquai en 1851. Du reste, si l'on veut un pendant à ce prix invraisemblable, quoique véridique, je dirai que le blanchissage d'une chemise revenait au même taux d'une piastre ! Mais bientôt les navires apportèrent des marchandises de tous genres, et comme chacun put se procurer des chemises de couleur pour 2 francs 50, l'industrie des rapaces blanchisseuses mexicaines fut vivement ébranlée. Pendant longtemps, plutôt que de recourir à elles quand la chemise était sale, on la jetait à la rue et on en achetait une neuve.

Le jour de la fête nationale, la ville entière s'était transportée à la Mission Dolores pour y jouir d'un spectacle tout nouveau pour elle, car c'était la première fois qu'on allait voir un ours aux prises avec un taureau sauvage.

On avait élevé, dans la petite plaine sablonneuse où se trouve le couvent des Missionnaires, une immense enceinte destinée à la lutte des deux animaux et qu'entourait, à perte de vue, échelonnée en amphithéâtre sur tous les monticules les plus rapprochés, la foule des curieux.

L'ours était énorme, le taureau mince et nerveux, avec des cornes d'une force extraordinaire et effilées comme des lances. Le combat fut acharné et plein d'émotions bien diverses, car des paris insensés s'étaient engagés, qui pour l'habitant des prairies, qui pour l'hôte des forêts. Déjà l'ours avait reçu plusieurs blessures en cherchant à enserrer son antagoniste dans ses terribles pattes ; le taureau, lui, avait un œil arraché par un coup de griffe, et son mufle, littéralement labouré, jetait des flots de sang. La victoire restait indécise et les spectateurs redoublaient leurs hurrahs pour exciter les deux champions à en finir. Cela ne se fit pas attendre. L'ours, en fureur, se précipita droit sur la tête du taureau pour lui saisir le col et l'étouffer ; il y réussit cette fois, mais son adversaire eut le temps, d'un coup de corne effroyable lancé en dessous, de lui perforer la poitrine. Ils tombèrent tous deux sanglantement enlacés et ne tardèrent pas à expirer. Mais lesquels, des parieurs, avaient gagné ?

On sait que j'avais rapporté des Mines une somme assez importante qui pouvait me permettre de tenter, dans ce pays encore si neuf, quelque opération lucrative. Je passai vingt projets en revue sans m'arrêter à aucun, lorsqu'un jour j'eus une inspiration, fatale comme on verra. J'avais remarqué que la chair du porc entrait pour une grosse part dans la nourriture des premiers habitants de San-Francisco, quoique le prix de chaque animal fut élevé, puisqu'il ne revenait pas à moins de dix piastres (50 francs). Je savais aussi qu'aux îles Sandwich, un porc ne coûtait qu'une piastre seulement. Je conclus donc qu'il y avait là une fructueuse affaire et je résolus de l'entreprendre.

La difficulté était de me procurer un navire assez grand pour en rapporter une certaine quantité. Je parvins à dénicher, le long des Wharfs, une goëlette désarmée et je m'arrangeai, moyennant une charte-partie assez onéreuse, avec le patron, un Mexicain nommé Don Felipe. Mais je n'avais pas à choisir.

Restait la question de l'équipage, car il n'y en avait pas, et il n'était pas aisé de trouver des matelots à embaucher. Il fallut que je passasse par les conditions de ces gaillards-là, et elles furent dures. Enfin, nous mîmes à la voile, moi septième à bord.

Tout alla bien jusqu'à l'île Ranaï, où les porcs étaient en abondance et où nous devions prendre notre chargement. Il se composait de deux cents bêtes magnifiques, grosses et grasses, et dont la vue réjouissait mon cœur de trafiquant.

Nous n'étions plus qu'à deux jours de San-Francisco, quand une tempête, d'autant plus effroyable qu'on en éprouve rarement dans cette partie du Pacifique, se déchaîna sur notre pauvre goëlette. Elle était vieille, mal jointe, trop chargée, et bientôt une large voie d'eau se déclara. Nous abandonnâmes le navire à lui-même pour nous élancer tous sur les pompes, mais nous eûmes le désespoir de constater que nos efforts ne parvenaient pas à arrêter l'envahissement des flots. Nous étions en péril imminent de sombrer. Il n'y avait plus qu'un moyen de salut, c'était le jet à la mer de la cargaison ! Quelle que fut ma douleur, je dus y souscrire ! Me voit-on alors, aidant de mes propres mains à engloutir dans l'Océan ces porcs infortunés sur lesquels j'avais tant compté pour doubler mon capital ! C'était mon suicide commercial !

L'ouragan avait sensiblement molli, et ainsi allégée, cette maudite goëlette put se maintenir sur l'eau, grâce au jeu des pompes que nous ne cessâmes pas de manœuvrer jusqu'à notre arrivée à San-Francisco.

Je mis pied à terre à peu près aussi pauvre que lorsque je débarquai pour la première fois, le 13 juin 1851.

Ainsi donc, j'avais travaillé avec courage, j'avais enduré beaucoup de peines, de fatigues et de dangers, pour me retrouver, au bout de quatorze mois de séjour en Californie, Gros-Jean comme devant! Mais aussi, quel guignon persistant !

Si le lecteur s'en souvient, j'ai déjà dit qu'au moment où j'allais partir pour les Mines, le comte de Raousset-Boulbon faisait les préparatifs d'une expédition qu'il voulait diriger sur la province de Sonora, pour reprendre en sous-œuvre les projets du marquis de Pindray. Pendant mon absence, le comte s'était embarqué avec ses hommes, et depuis quelques jours on commençait à recevoir de ses nouvelles à San-Francisco. Elles n'étaient pas bonnes.

Comme je l'ai fait pour le marquis de Pindray, je crois intéressant d'écrire l'histoire de

la tentative de colonisation du comte de Raous
set-Boulbon, car elle eut, en son temps, u
véritable retentissement en France, et la Press
s'en occupa sérieusement.

CHAPITRE SIXIÈME

LE COMTE DE RAOUSSET-BOULBON

AU MEXIQUE.

Si un cœur ferme et indépendant, une volonté indomptable et une complète abnégation de soi-même, constituent entre le marquis de Pindray et le comte de Raousset-Boulbon quelques points de similitude, là s'arrête le parallèle.

Rude de formes, le marquis de Pindray n'avait rien qui prévînt en sa faveur; il fallait le connaître foncièrement pour savoir que derrière cette enveloppe peu attractive battait un cœur bon et capable des sacrifices les plus désintéressés. Il eût été présomptueux de formuler un jugement sur lui d'après la simple inspection de sa personne, car on se serait inévitablement trompé. Mais si l'on parvenait à vaincre le peu de sympathie qu'il inspirait à première vue et qu'on essayât de percer, pour ainsi dire, cette écorce rugueuse, on restait étonné des qualités rares et solides qu'elle cachait.

Tel n'était pas, extérieurement du moins, le comte de Raousset-Boulbon. Tout en lui séduisait de prime-abord et faisait naître le sincère désir d'être de son intimité ; on l'aimait d'instinct. Il était originaire du midi de la France et sortait d'une famille d'excellente noblesse, ou il avait puisé de bonne heure la science difficile des belles manières ; un geste, un mot, tout en lui trahissait le gentilhomme d'illustre extraction. La constante aménité de son caractère, l'exquise urbanité qu'il apportait dans ses relations d'homme à homme, lui faisaient des partisans de tous ceux qui l'approchaient. Esclave du point d'honneur, il sut néanmoins toujours allier une extrême circonspection au plus bouillant courage.

Au physique, le comte de Raousset offrait, pour un phrénologue habile, une précieuse étude de tête. Ses cheveux étaient châtain clair, son front élevé ; dans ses yeux brillait un feu ardent, qui n'en bannissait cependant pas la douceur ; son nez, d'un galbe pur, charmait par la rectitude de ses lignes et laissait deviner, au jeu fréquent des narines, une grande impressionabilité ; enfin, une barbe épaisse et bien

plantée servait d'ombre à une bouche au sourire
bienveillant et encadrait un menton d'un ovale
parfait. En outre, le comte de Raousset était
d'une stature ordinaire, bien pris, carré d'épaules
et fort.

Quant au moral, il tenait consciencieusement
et en frère loyal tout ce que promettait la noble
physionomie du comte ; bonté, mansuétude,
franchise, dévouement, droiture, toutes ces
qualités de nos jours si peu communes, étaient
les siennes et le rendaient cher à ses nombreux
amis. C'est ainsi qu'en 1847, le comte de
Raousset avait pu contracter une liaison assez
intime, et qui lui fait honneur, avec le duc
d'Aumale, alors gouverneur général de l'Algérie ;
mais cette précieuse connaissance fut tout à
coup compromise par la Révolution de Février,
et le comte de Raousset, après avoir presque
tenu en mains un mandat de député à l'Assemblée Constituante de 1848, car il ne lui manqua
que quelques centaines de voix, quitta le sol
agité de la France pour de lointaines pérégrinations.

Quand j'eus l'occasion de le connaître à San-
Francisco, dont j'étais sur le point de partir
pour me rendre aux Mines du Sud, le comte de
Raousset cherchait à reconstituer, pour son

compte, l'expédition que le marquis de Pindray avait si malheureusement menée. Il ne nous avait pas fallu beaucoup de temps pour nous apprécier mutuellement et nous lier d'une façon assez intime.

Avant d'enrôler ses hommes, le comte de Raousset essayait alors de se former une sorte d'état-major, et sachant que j'etais de ceux qui, comme l'on dit vulgairement, *n'ont pas froid aux yeux*, il me pressa vivement de faire partie de sa future troupe, et m'offrit le poste d'officier secrétaire de l'expédition. J'étais fort tenté de me lancer dans une aventure qui souriait à ma passion avide d'inconnu et que n'effrayait pas la lamentable issue de la campagne précédemment entreprise par cet infortuné marquis de Pindray. Mais j'avais un engagement sérieux pris avec mon cher Emile Amouroux pour aller ensemble explorer les Mines et essayer d'y remplir les déplorables lacunes que nous constations chaque matin dans nos poches, malgré que nous nous fussions déjà pliés, pour gagner notre vie, à bien des exigences que, sur le sol de la patrie, nous eussions trouvées peu compatibles avec nos goûts, voire même avec notre dignité. Emile avait ma parole et je dus dès lors décliner la proposition que m'avait faite le comte de Raousset. Ce fut certainement une inspiration de la Providence, car mes os blanchiraient sans doute depuis longtemps au fond de quelque abîme des montagnes Rocheuses, si j'avais été libre de m'enrôler sous la bannière du comte de Raousset. Je n'étais pas destiné à périr sur le sol californien, cela n'était pas écrit, comme disent les Musulmans, car, au milieu de dangers souvent très grands dont mon corps a gardé les traces, ma vie a toujours été sauve.

Mais je reviens aux projets du comte de Raousset.

Pour préparer une campagne sérieuse, qu'elle qu'en dût être plus tard la destination, la première chose consistait à se munir de ce que Démosthènes dénomma jadis le nerf de la guerre, l'argent. Après l'avortement de l'expédition du marquis de Pindray, il n'y avait pas à songer à s'en procurer à San-Francisco. Le comte le comprit, et il partit immédiatement pour Mexico où, après s'être abouché avec plusieurs financiers, il convint avec eux, qu'une fois les Apaches domptés, il mettrait leurs terrains en exploitation régulière au profit d'une association mutuelle, et il reçut, en échange de son concours militant, les fonds qui devaient être nécessaires pour lever sur le pied de guerre un nombre d'hommes suffisant. On prétendit à cette époque, à San-Francisco que le comte revint porteur d'une somme d'environ trois cent mille francs. J'ignore ce qu'il y avait de fondé dans cette assertion ; toujours est-il qu'à peine rentré de Mexico, le comte consacra tous ses soins à la matérialisation de ses projets, et sous l'impulsion d'une volonté opiniâtre, il ne tarda pas à aplanir les premières difficultés.

Mû par un sentiment national fort louable, le comte de Raousset, à l'instar de son devancier, ne permit pas que l'élément étranger vint dépareiller les rangs de ses volontaires ; il entendait que toute la gloire, comme tout le profit, appartinssent aux Français, et seuls ils furent admis à le suivre.

Le jour convenu pour l'embarquement était arrivé et la colonie française de San-Francisco jugea cette fois à propos d'accorder aux nouveaux partants un honneur que son apathique insouciance avait refusé au marquis de Pindray et à ses hommes, et elle se porta en masse sur les quais en pilotis qui longeaient le bâtiment prêt à larguer ses voiles. D'où venait cet empressement tardif ? Le motif en est simple : les récits merveilleux que les gens du marquis de Pindray avaient répandus à leur retour s'étaient

incrustés dans bon nombre de cervelles avides ;
on oubliait les terribles souffrances que ces
malheureux avaient endurées et l'on ne voyait
en eux que des hommes que le destin avait
jetés au milieu d'une contrée où foisonnaient
des richesses fabuleuses, et qui, s'ils avaient
été secondés par un hasard propice, en auraient
infailliblement rapporté d'incalculables trésors.
Or, ces mêmes hommes, après avoir grossi
leurs rangs de nouveaux compagnons, retour-
naient maintenant au sein de ces féériques
régions. C'en était assez pour emporter les
regrets de tous ceux qu'un état quelconque, un
commerce ou le soin d'un établissement public,
retenaient à San-Francisco, alors que peut-être
ils eussent préféré partager les chances d'une
entreprise aventureuse. Enfin, quelle que fut la
cause qui poussait ainsi des flots de curieux
sur les Wharfs de la rade, il est certain que le
moment de l'appareillage eut un aspect grandiose et solennel. Les vœux les plus tumultueux arrivaient des quais au navire, mille bras
s'agitaient dans l'air, et nos compatriotes, se
conformant aux usages du pays, remplacèrent
le national *Vivat* par l'assourdissant *Hip, Hip,
Hurrah !* invariablement répété trois fois de
suite. Hélas ! quand, avant de monter aux

Mines, j'avais serré la main du comte de Raousset, je ne prévoyais pas, quoique je pusse le
craindre, que c'était pour la dernière fois !

C'était à Guaymas que le comte de Raousset
avait résolu de débarquer son monde. Durant
le voyage qu'il avait précédemment accompli
seul au Mexique, il avait remarqué que cette
ville offrait un bon port, que son commerce
était assez étendu, et il pensait pouvoir y trouver, s'il était fraternellement reçu ainsi qu'il
s'y attendait, les moyens d'entretenir sa troupe
sur un pied florissant.

Malheureusement, depuis le marquis de Pindray, les choses avaient complètement changé
de face. Dans l'intervalle d'une expédition à
l'autre, des ordres formels émanant de Santa-
Anna, le Dictateur du Mexique, étaient parvenus
à tous les chefs militaires des provinces, leur
enjoignant de s'opposer dorénavant, avec la plus
grande énergie, à tout essai d'envahissement,
quel qu'en fut le mobile et le but.

Le navire avait mouillé en vue et assez près
de la ville. Dès sa première apparition, une
barque montée par un officier supérieur de la
douane qu'escortaient plusieurs carabineros,
s'en était approchée ; mais reconnaissant aussitôt, à l'affluence d'hommes qui garnissaient le

pont, quelle devait être la nature du chargement, les Mexicains avaient viré de bord, et
forçant de rames, s'étaient hâtés d'aller infor-
mer le gouverneur de l'arrivée de ces hôtes
inattendus. Peu de temps après, quelques coups
de canon envoyés par la forteresse, et dont les
boulets vinrent ricocher à une centaine de bras-
ses du bâtiment, avertirent le comte de Raousset qu'il ne devait pas compter trouver beaucoup
de sympathie et d'hospitalité à Guaymas.

Il fallait pourtant prendre un parti. Le comte
feignit d'être intimidé par l'attitude belliqueuse
des Mexicains, et voulant leur faire croire qu'il
renonçait à toucher terre, il ordonna de mettre à la voile et de courir une bordée vers la
pleine mer. Mais quand la ville de Guaymas
eût entièrement disparu à l'horizon, changeant
de tactique, il cingla de nouveau vers la côte en
mettant le cap un peu au Sud, afin de décou-
vrir quelque hâvre solitaire où ses gens pus-
sent sûrement débarquer. Désireux, autant que
possible, de cacher ses mouvements, le comte
louvoya jusqu'à la nuit close, puis, quand les
ténèbres furent assez épaisses pour agir, il en-
treprit sans retard le transport de ses hommes
et de son matériel. La chaloupe fit dix trajets
successifs du navire au rivage, et l'opération

fut menée avec une telle habileté, qu'au point
du jour la colonne des aventuriers se trouvait
totalement organisée à terre, et que déjà le bateau fuyait, poussé par un bon vent, vers San-
Francisco d'où il devait ramener une seconde
troupe de hardis volontaires.

Le comte de Raousset ne devait pas se flatter
de dérober longtemps aux Mexicains la connaissance de son débarquement. Déjà tous les ran-
cheros du littoral s'étaient émus, mais inquiets
de leur insuffisance numérique, ils avaient dépêché quelques uns des leurs à Guaymas pour
demander du secours.

La vie de fatigues et de combats, que les infortunés Français endurèrent pendant deux ans,
allait donc commencer !

Le comte de Raousset, jugeant qu'il était inutile d'attendre paisiblement qu'on vint lui présenter la bataille, et persuadé au contraire qu'il
était non moins opportun qu'habile de démora-
liser, s'il le pouvait, les Mexicains en prenant
l'initiative, mit ses hommes en marche et opéra,
dans la direction même de Guaymas, une forte
reconnaissance. On ne tarda pas à se trouver en
présence d'un parti assez considérable; quelques
coups de fusil, échangés par les grand'gardes,
furent le signal d'un engagement devenu bientôt

général et à la suite duquel les forces mexicaines durent céder, après une résistance néanmoins fort vive, devant l'impétuosité et le bon ordre des compagnons du comte de Raousset.

Encouragés par ce premier succès, mais ne doutant pas que les Mexicains, ayant à cœur de prendre leur revanche, ne s'empressassent de reparaître en plus grand nombre, les aventuriers se tinrent pendant quelque temps sur une prudente défensive. Pour pousser leur action avec plus de vigueur, il leur fallait attendre que la bande d'auxiliaires, qui devait leur être expédiés de San-Francisco, les eût rejoints; et à cet effet, tout en avançant lentement vers Guaymas, ils eurent soin de ne jamais s'écarter de la côte, de façon à pouvoir se ménager des relations faciles avec leur navire dès qu'il serait signalé.

L'attente des partisans dura longtemps et fut pleine d'anxiétés. Enfin, après de sérieuses difficultés de navigation, le bâtiment si impatiemment espéré de San-Francisco parut au large, apportant du secours et de la confiance.

Le débarquement de ces nouvelles recrues détermina les Mexicains à essayer une autre attaque plus pressante. Ils comprenaient parfaitement que les rangs des Français, une fois

grossis par le renfort qui s'apprêtait à prendre
terre, seraient plus que jamais difficiles à entamer, et ils voulaient, par un dernier effort, dé-
truire le comte de Raousset, se promettant
d'avoir ensuite bon marché des nouveaux venus. Si l'aggression fut énergique, la défense
ne lui céda en rien. Maître du rivage, qu'à tout
prix il lui fallait conserver pour pouvoir com-
muniquer avec le navire, le comte de Raousset
prouva une fois de plus que la valeur et la dis-
cipline suppléent souvent au nombre, et tenant
opiniâtrement tête à des forces supérieures, il
donna le temps aux hommes qui étaient à bord
de le rejoindre. Ces derniers sautèrent, pour
ainsi dire, du tillac au milieu du combat, et
la diversion puissante qui résulta de leur in-
tervention amena promptement la déroute des
Mexicains. On était donc encore victorieux,
mais chaque échec de l'ennemi coûtait cher aux
Français.

Le plan stratégique que le comte de Raousset
avait conçu ne lui suffisait plus. Il pensait,
qu'entouré comme il l'était par une population
hostile, il lui serait de toute impossibilité de gagner le territoire des Apaches sans être entièrement anéanti. Il modifia donc son itinéraire et
songea à se garder une issue en cas de revers pro-

noncés. A cet effet, il fut résolu en conseil de donner l'assaut à une petite ville voisine nommée Hermosillo. Cette place, bâtie sur la côte, mettait le comte en possession de la mer et lui offrait un centre d'opérations où il pourrait attendre la tournure des événements.

Assailli comme par un ouragan, Hermosillo ne tint pas contre l'audacieuse attaque du comte de Raousset qui, aussitôt après son occupation, se mit en devoir de s'y fortifier suffisamment pour y jouir d'un peu de tranquillité. Mais les Mexicains, revenant de la surprise que leur avait causée un fait d'armes dont la rapidité avait déjoué leurs combinaisons, ne lui permirent pas de se livrer au repos. Hermosillo fut investi de tous côtés, et après une résistance admirable, le comte de Raousset fut contraint de rendre une proie que le petit nombre de ses gens l'empêchait de défendre efficacement sur tous les points à la fois.

Dès qu'il sentit qu'il lui devenait impossible de conserver sa conquête, le comte de Raousset chercha le moyen de l'abandonner avec honneur. Il se disait bien sans doute qu'il était glorieux, plutôt que de capituler, de s'ensevelir vivant sous les décombres d'une place assiégée, mais il pensait aussi que sa mission n'était pas

accomplie, que de grandes choses lui restaient
peut-être à faire encore, et qu'en sacrifiant sans
utilité les jours de ses compagnons, il s'ôtait vo-
lontairement pour l'avenir toute chance de
réussite. Ces sages considérations lui suggérè-
rent alors l'idée d'une action héroïque.

Il fit annoncer aux ennemis qu'il mettait bas
les armes, et quand il vit les Mexicains, dans
l'enivrement de leur facile victoire, se ruer
sans ordre vers les murailles, il opéra, à la tête
de tous les siens, une irrésistible sortie, pratiqua
une large trouée dans les rangs qui obstruaient
sa retraite et laissa derrière lui l'armée mexicaine
se livrer à son aise à toute sa stupéfaction.

Le comte de Raousset était donc encore une
fois maître de la campagne, maître de l'inconnu!
Mais les Mexicains, sortant enfin de leur éba-
hissement, ne tardèrent pas à se mettre à sa
poursuite. Ce ne fut pas un combat, mais cent
combats qu'il fallut incessamment soutenir. Les
Mexicains s'attachèrent à ces malheureux sans
trêve, sans miséricorde.

Les mois s'écoulèrent et la position du comte
de Raousset s'aggravait de jour en jour. Tous
les maux qui étaient venus décimer la colonne
du marquis de Pindray, reparaissaient à leur
tour. Les maladies, le manque prochain de mu-

nitions, et par dessus tout la famine et son hideux cortège, tel était le navrant tableau que les Français voyaient avec effroi se dérouler à chaque heure devant leurs yeux.

Il n'est point d'entreprise, si bien conçue qu'elle soit, que ne puissent atteindre et renverser les coups répétés d'une mauvaise fortune impitoyablement renaissante. Déjà le comte de Raousset avait remarqué que les symptômes d'un découragement, au fond bien légitime, se produisaient parmi ses hommes ; il comprenait bien qu'il était urgent de ne pas laisser le désespoir abattre davantage la résolution et les forces de ses compagnons et qu'il était de son devoir de pourvoir le plus promptement possible à la sécurité et au bien être de ceux qui lui avaient confié le soin de leurs vies. Pendant qu'il en était temps encore, pendant qu'une étincelle brillait éphémère dans ce brasier prêt à s'éteindre, il fallait donc tenter un coup de main suprême et obliger le destin à se déclarer pour ses armes. Or, il était un lieu dont la possession eut rendu le courage aux cœurs chancelants, ramené l'abondance au sein de la misère, remplacé la fièvre dévorante par la santé, les alarmes par le succès ; ce lieu, c'était Guaymas même ! On résolut de s'en emparer.

8

Vraiment, c'était là un projet bien digne de l'esprit audacieux qui avait inspiré jusqu'alors les actes des aventuriers ; c'était couronner par un dernier trait d'héroïsme, quelqu'en dût être le dénouement, une série d'exploits justement mémorables.

Un matin, le comte de Raousset parut devant Guaymas, qu'il avait pu atteindre malgré les efforts de l'ennemi. Mais la ville était protégée par une nombreuse garnison ; il fallait donc vaincre ou périr, et ce fut le cri que les Français poussèrent en se précipitant à l'assaut avec un élan magnifique.

Le général Yanez, qui commandait la place, convaincu que le comte de Raousset n'epargnerait rien pour triompher et jugeant que ce ne serait que par le nombre qu'on aurait raison de son indomptable valeur, expédia à franc étrier des courriers vers le gouverneur de Tepic et des chef-lieux les plus rapprochés, pour presser l'envoi immédiat de troupes nouvelles. En attendant, il fit bonne contenance, et grâce à une assez forte artillerie, il parvint à occasionner un mal sensible aux hommes du comte de Raousset qui, n'ayant à leur disposition que deux ou trois mauvaises pièces de campagne, insuffisantes pour la riposte, voyaient ainsi leurs progrès paralysés.

Déjà plus d'un Français avait rencontré une mort glorieuse, les rangs s'éclaircissaient, un sang généreux teignait ce sol inhospitalier, et l'on n'avancait pas. Que faire ? Je l'ai dit, on ne pouvait plus reculer ; le comte de Raousset n'y eut d'ailleurs jamais songé. Puisque la fortune des combats persistait à se montrer défavorable, il n'y avait plus qu'à vendre chèrement sa vie, et les armes à la main, à se creuser un tombeau ou à emporter définitivement la ville.

Une attaque décisive fut donc convenue, et cette fois, par une irruption furibonde, les Français parvinrent à se loger dans un ouvrage avancé que les Mexicains n'eurent que le temps d'évacuer, en y laissant maints des leurs. Hélas ! fallait-il déployer tant de courage pour en perdre sitôt le fruit ? Mais sur ces entrefaites, les soldats que le général Yanez avait requis des provinces limitrophes, avaient eu le temps d'arriver, et prenant le comte de Raousset par derrière, tandis que la garnison de Guaymas l'assaillait de front, ils le mirent dans l'impossibilité de résister davantage.

Ce fut une mêlée corps à corps, une lutte terrible à l'arme blanche et à la bayonnette, où les Français, écrasés de toutes parts par les masses ennemies, étonnèrent leurs vainqueurs par la majesté de leur défaite.

Le comte de Raousset, surtout, avait excité l'admiration des Mexicains par la résistance chevaleresque qu'il avait longtemps opposée; je dois me hâter de dire que le sort lui avait donné un antagoniste digne de lui, le lieutenant Borunda. A l'instar de ces fameux guerriers qu'Homère el Virgile ont chantés, on vit ces deux nobles champions, rivalisant d'ardeur et de prouesse, se porter les plus formidables coups, cent fois parés et rendus, et tenir la balance indécise entre leur antique valeur. Enfin, le comte de Raousset, constatant, par un rapide regard circulaire, que ceux de ses hommes qui n'avaient pu mourir, étaient déjà prisonniers des Mexicains, remit, avec dignité, son sabre brisé à son heureux rival, et conçut dès cet instant solennel pour ce jeune homme une estime particulière.

Dorénavant les événements vont marcher rapidement.

Fier d'une victoire dont ses pertes lui attestaient le prix, le général Yanez fit instruire immédiatement le procès de ses captifs, et une sentence capitale, qui dût faire rougir de honte la face de la Clémence méconnue, fut signifiée au comte de Raousset et à ses infortunés compagnons.

Mourir d'une balle ! Certes, il eut mieux valu la recevoir en pleine poitrine sur le champ de bataille ; néanmoins, cette fin n'avait rien de déshonorant pour un soldat. Vainement, le Ministre de France à Mexico essaya-t-il de sauver le comte de Raousset ; la justice mexicaine fut inflexible, il lui fallait une victime ! Notre représentant put seulement obtenir la grâce de la majeure partie de nos compatriotes et dût se résigner avec douleur à abandonner le comte de Raousset, avec ses principaux amis, au triste sort qui les attendait.

Ce fut ce même lieutenant Borunda qu'on chargea, à la prière du condamné, de commander le peloton qui devait exécuter l'arrêt du conseil de guerre. Le comte de Raousset ne voulut point qu'on lui bandât les yeux, et quand il vit tous les préparatifs achevés, il pria Borunda, en lui offrant une riche bague où étaient gravées les armoiries de sa famille, de se souvenir de lui. Ce jeune officier, fondant en larmes, se jeta au cou du comte, l'étreignit quelques secondes avec force ; puis se retournant brusquement, mais incapable de parler, il ordonna le feu d'un geste désespéré, et le comte de Raousset tombait comme il avait vécu, en homme de cœur !

Quant aux malheureux prisonniers qui avaient été épargnés, le vice-consul de France à Guaymas se mit en devoir de les réintégrer promptement en Californie.

Cette désastreuse campagne avait duré deux ans.

Décidément, le sol du Mexique fut toujours fatal aux Français, comme il appert des expéditions du marquis de Pindray, du comte de Raousset-Boulbon et de Napoléon III.

CHAPITRE SEPTIÈME

HISTOIRE DE MARTIAL HUBERT.

C'était peu de temps avant mon départ pour
la France.

Un soir, j'étais entré dans la maison de jeu
nommée Bella Union, remplie, comme de cou-
tume, de la foule la plus bariolée. Mon oreille
fut vivement frappée par le son d'une voix qui
partait du fond de la salle principale et qui
chantait le grand air du *Châlet*. Je m'appro-
chai, fort intrigué, de l'estrade des musiciens,
et je n'eus pas plutôt envisagé le personnage en
scène, que je reconnus Martial Hubert, un brave
et intelligent garçon que j'avais beaucoup vu à
Paris.

J'attendis la fin du morceau et quand Martial
descendit les gradins pour aller se rafraîchir au
Bar de l'établissement, je me plantai devant lui
pour voir s'il me remettrait, ce dont je pouvais

douter, vû ma barbe qui avait librement poussé, mon teint hâlé et le costume assez bizarre que je portais.

Il n'hésita pas une minute, et se jetant à mon cou :

— Quoi ! c'est vous ? me dit-il.... Ah ! que je suis heureux et que votre vue me fait du bien !...

— Oui, mon cher Martial, c'est bien moi !... Et j'éprouve aussi une grande joie de vous rencontrer !...

— Mais comment êtes-vous ici ? reprit-il.

— Par la même raison qui vous y a conduits, vous et votre femme... la soif de l'inconnu et peut être un peu celle de l'or !... Mais j'oublie de vous demander des nouvelles de madame Hubert...

A ces mots, je le vis pâlir et une larme lui vint aux yeux. Je pressentais un malheur et je n'osais plus l'interroger. Il comprit sans doute mon silence, car me serrant la main convulsivement :

— Ah ! mon ami... Estelle, ma chère Estelle, morte !... Oui, morte depuis six mois, sans même laisser une tombe où je puisse aller verser des pleurs qui ne tariront jamais !...

— Mon Dieu ! que m'apprenez-vous là ?... Et

comment un pareil malheur vous est-il arrivé ?
fis-je, tout attristé.

— Vous le saurez, me répondit-il... L'écœu-
rant métier que je fais ici est fini pour ce soir,
je viens de chanter mon dernier morceau... J'ai
d'ailleurs besoin de me retirer !... Votre rencontre a réveillé des souvenirs si pénibles pour
moi !... Mais venez me voir demain dans la
journée, et vous connaîtrez mon effroyable existence dans ce pays maudit... Je demeure à la
petite baie de la Laguna.

Je le lui promis.

Mais avant de me rendre chez Martial, que le
lecteur me permette de lui faire, en quelques
traits, connaître mon pauvre ami.

Fils d'un vieil officier retraité, Martial s'était
trouvé orphelin à vingt-trois ans, sans autre
patrimoine qu'une vive intelligence, un réel
talent d'écrivain et la plus brillante imagination.
Son rêve caressé était de devenir auteur dramatique, et pour y arriver, il travaillait avec une
ardeur digne d'être un jour récompensée. Mais,
malgré d'insipides démarches qui coûtaient
beaucoup à la fierté de son caractère, il ne pouvait parvenir à caser une œuvre importante. Il
vivait, en attendant, de quelques pièces légères,
qu'il réussissait de temps en temps à faire jouer

dans les petits théâtres de la banlieue ou de
quelques saynètes qu'on lui prenait dans les
cafés concerts. Il s'était marié, sur ces entrefaites, avec une aimable personne, orpheline
comme lui, et à qui une tante avait laissé une
dizaine de mille francs. Mais cette somme, —
je le sus par ses confidences — lui avait été
volée par un notaire chez lequel il l'avait placée.
C'était précisément au moment où la découverte
des Placers californiens venait d'éveiller, de par
le monde entier, de si ardentes convoitises.
Vivant au jour le jour, désolé, surtout pour sa
jeune femme, de voir la misère sans cesse à
leur chevet, il fut pris, comme moi, comme
tant d'autres, de la fièvre de l'or, et un beau
matin ils partirent tous deux pour le nouvel
Eldorado, où ils me précédèrent.

Quand je rencontrai Martial, il était, comme
on l'a vu, dans une position infime, gagnant dix
piastres par soirée pour chanter, de huit heures
à minuit, dans une maison de jeu, car il avait
un belle voix de basse et était assez bon musi-
cien. Je ne lui témoignai aucune surprise de le
retrouver descendu si au bas de l'échelle, parce
que c'était alors chose commune, à San-Francisco, de coudoyer un grand nombre de ces dé-
classés de la vie parisienne, cherchant dans les

professions les plus extraordinaires, quelquefois les plus abjectes, commé je l'ai montré pour
le comte de St-F....., leur pain quotidien.

Maintenant que mon malheureux ami est
connu, je reprends mon récit.

Je n'eus garde, le lendemain, de manquer à
la promesse que j'avais faite à Martial. J'étais
extrêmement curieux d'apprendre son histoire,
car les changements que j'avais remarqués la
veille dans ses traits, la perte de sa femme, la
situation précaire où je le revoyais, tout me
faisait supposer que quelque drame était venu
assombrir sa vie. A deux heures, je gravissais
les marches branlantes du taudis où il habitait
et frappais à sa porte. Elle était entr'ouverte, je
la poussai et j'aperçus Martial couché sur un
mauvais grabat, endormi et agité par un cauchemar sans doute bien horrible, car son corps
tressaillait par soubresauts, et d'une voix entre-
coupée et râlante, il proférait des phrases sans
suite, dans lesquelles je notai ces mots... *Chaudière... Nager... Éclater... Estelle... Sauvez-
la... Noyée... Ah !...*

Martial me paraissait tellement souffrir que
je crus nécessaire de le réveiller. Il ouvrit les
yeux, fut sur pieds d'un bond, et se précipitant
sur moi sans me reconnaître tout d'abord :

— Où. est-elle ? s'écria-t-il.

— Voyons, Martial, calmez-vous ! c'est moi,
votre ancien camarade...

— Ah ! pardon, fit-il en se remettant et en
passant, d'un geste douloureux, la main sur
son front baigné de sueur... pardon, je rêvais...
et mon rêve est toujours le même, hélas!...

— Oui, vous prononciez le nom de votre chère
compagne, puis d'autres mots encore dont le
sens est pour moi mystérieux....

— Et que je vais vous expliquer.... Je vous
ai dit que j'avais perdu Estelle il y a environ
six mois ?...

— Oui, mais comment ce malheur...

— Nous revenions des mines du Sud, avec
une fortune inespérée, que nous avions bien
gagnée, croyez-le, car ma femme et moi, nous y
avions subi toutes les angoisses, toutes les tor·
tures qui peuvent assaillir une créature humaine !... Enfin, nous revenions sains et saufs, et
c'était le principal !... Nous étions accompagnés
d'une mexicaine nommée Virgen, à laquelle ma
femme devait de la reconnaissance, et nous
avions pris passage, de Stockton ici, sur un de
ces *ferry-boats* que vous connaissez.... C'était
la nuit.. Nous venions de dépasser Benicia après

être sortis du San-Joaquin, et nous allions entrer dans les eaux de la baie de San-Francisco lorsqu'à un coude de la côte nous aperçûmes devant nous un autre bateau d'une compagnie rivale... Vous n'ignorez pas que lorsque les Américains se font une concurrence quelconque, ils ne reculent devant rien pour battre leurs adversaires... Furieux de se voir devancé, notre capitaine donna l'ordre, en jurant comme un damné, d'augmenter fortement la pression de la machine... Nous volions sur les flots, à la lettre, mais notre antagoniste était aussi bon marcheur que nous et conservait sa distance.... Fou de rage, ce misérable capitaine ordonna de donner toute la force possible, et bientôt la chaudière, arrivée au rouge incandescent, éclata avec un bruit terrible !... Nous sautâmes, en un mot !... J'étais près d'Estelle au moment de la catastrophe et nous fûmes lancés ensemble dans l'espace !...

— Mais, mon cher Martial, c'est horrible ce que vous me racontez là !... Ah ! cet infernal capitaine !... Mais ne pouviez vous donc pas l'empêcher...

—Nous n'étions que quatre ou cinq Européens à bord... Qu'aurions nous fait contre tous ces Américains ?... Ils ne tiennent pas à la vie, vous le savez, et pour eux, cette lutte à outrance les ravissait !...

— Ce n'est que trop vrai ce que vous dites là, Martial !... mais revenons à vous.

— Qu'ajouterai-je ? Vous devinez le reste... Ma femme ne reparut pas, non plus que Virgen !... Malgré de graves blessures, j'avais cherché Estelle parmi les débris du *ferry-boat*, mais, après de vains efforts, je sentis mes forces prêtes à m'abandonner, et, poussé par l'instinct égoïste de la conservation personnelle, je parvins à gagner la rive où j'abordai exténué, mourant...

— Dieu soit loué ! vous fûtes sauvé !... C'était assez d'une victime...

— Non, voyez-vous, mon ami, j'ai été lâche ! J'aurais dû me laisser périr, puisque je ne la retrouvais pas !... Ah ! Estelle, ma chère femme, m'as-tu pardonné ?

Ce récit m'avait beaucoup impressionné. Martial lui-même restait absorbé dans une sombre tristesse, et son regard semblait vaguement chercher dans le vide une image adorée.

J'avais encore bien des choses à connaître, mais je le voyais si abattu que je craignais de l'émouvoir outre mesure en lui adressant de nouvelles questions. Je me levai et lui tendis la main pour prendre congé. Ce mouvement le rappela à la réalité.

— Restez encore, me dit-il d'un ton douloureux... Avec qui parlerais-je d'elle ?... D'ailleurs, je ne vous ai pas tout appris...

— Est-ce bien nécessaire ? répondis-je... Je crois entrevoir la suite de votre lamentable histoire... Vous reveniez riche, m'avez-vous dit...

— Oui, j'avais cent mille francs en poudre d'or dans mes deux ceintures de peau, autour des reins et sous les bras...

— Alors, pour vous étourdir, pour combattre votre mortel chagrin, je ne dis pas pour l'oublier, remarquez-le, vous avez fait comme tant d'autres ici, vous avez suivi le torrent et il vous a englouti ; vous avez joué, n'est-ce pas ?

— C'est vrai, j'ai joué, tout joué !... Mais il est une chose, mon ami, que vous ne pouvez deviner malgré toute votre science des misères de ce pays, c'est la cause première de tous nos malheurs !... Écoutez-moi donc...

Je me rassis et Martial continua :

— Vous vous souvenez sans doute d'un riche Mexicain qui nous rendait visite assez souvent à Paris ?...

— Parfaitement...Vous voulez parler de Don

Torribio, qui entretenait cette petite rouée de
Lélia, du théâtre du Palais-Royal...

— Précisément, et c'est même chez elle que je
l'avais connu, un jour que j'étais allé la prier
de recommander une pièce à son directeur. Eh !
bien, ce Torribio fut le fatal génie de notre
existence, à Estelle et à moi !...

— Vous m'étonnez... Ce caballero si correct,
aux manières si nobles...

— N'était qu'un infâme gredin !... Il aimait
Estelle et a tout fait pour m'enlever le cœur de
cette honnête créature...

— Est-ce possible ? fis-je au comble de la
stupéfaction... Êtes-vous bien sûr...

— Vous n'en douterez plus quand j'aurai
ajouté que c'est Estelle elle-même qui m'a tout
raconté aux Mines, après la mort de ce misérable, tué par mon ami le grand chef indien
Vacotah...

Ce nom me frappa vivement. Ce Peau-Rouge
m'avait rendu, à moi aussi, comme on l'a vu,
des services précieux pendant mon séjour au
camp de San-Andrea, et je lui avais voué une
véritable affection. Le hasard faisait donc que
Martial et moi nous avions habité la même
zône des Placers, mais à des époques différentes,
que nous avions tous deux connu Vacotah, et

qu'à tous deux ce magnanime Indien avait été un dévoué protecteur. Quelle singulière coïncidence !

Martial vit mon étonnement et m'en demanda le motif, que je lui expliquai.

— En effet, me dit-il, c'est fort curieux !.. Mais dans ce pays rien ne doit vous surprendre, vous, un ancien déjà....

J'avais hâte de savoir le roman de sa vie depuis son départ de France et je le priai.de ne m'épargner aucuns détails.

— C'est inutile, me répondit-il, et ce serait trop long pour mes forces et ma sensibilité.....

A ces mots, il se leva pour prendre, dans le tiroir d'une table boiteuse, une liasse de papiers disparates, et revenant vers moi :

— Tenez, mon cher ami, me dit-il, voici un amas de notes que j'ai prises comme j'ai pu.... C'est une sorte de journal de notre pénible existence, assez mal tenu, assez confus, mais où vous trouverez, si vous avez la patience de le lire, un assemblage de faits et d'aventures qui ne vous étonneront pas sans doute, vous qui avez l'habitude de la Californie, mais qui vous feront plaindre certainement notre sort affreux!.. Emportez ces chiffons, vous me les rendrez plus tard....

Et Martial me remit ses feuillets, en ajoutant:

— Vous voyez, je n'ai pas perdu la manie d'écrire !....

Martial fut tué, quatre jours après, sur l'estrade même où il chantait, par une balle aveugle partie du milieu d'une sanglante bagarre qui se produisit autour d'une table de jeu de Bella Union.

Pauvre et cher ami ! qu'il y a, hélas ! de cruelles destinées !

Voici donc son histoire. Je n'ai fait que donner une forme plus littéraire à son propre manuscrit.

§ 1er. CHEZ MARTIAL, A PARIS.

Au cinquième étage d'une maison de la rue d'Assas, Martial Hubert habitait, avec sa jeune femme Estelle, un bien modeste appartement composé de deux petites pièces et d'une cuisine. L'ameublement répondait à l'humilité du logis. C'était la misère, et pour que rien n'y manquât, le matin même du jour où commence ce récit, Martial avait appris que le notaire Félix, chez lequel il avait placé une somme de dix mille francs qu'Estelle lui avait apportée en mariage, venait de passer à l'étranger avec tous les fonds que ses clients lui avaient confiés.

Ne pouvant croire à une aussi affreuse nouvelle, il avait couru à la Préfecture de Police pour savoir si elle était vraie ; elle lui avait été entièrement confirmée. Quel coup de foudre ! Que faire ? S'il avait été seul encore ! Mais sa chère et douce femme, son Estelle, cet ange de patience que sa lutte avec la vie le forçait à abreuver déjà de tant de privations, quand son amour rêvait pour elle la richesse et le bonheur ! Quelle atroce dérision du sort ! Et comment lui apprendre cette catastrophe ?

C'est sous le coup de ces pénibles pensées que Martial revint chez lui, bien décidé à user de tous les ménagements possibles pour instruire Estelle du dernier et suprême malheur qui les frappait.

Estelle travaillait à une broderie de commande quand Martial rentra. Elle se leva et venant câlinement à lui :

— Déjà de retour, mon ami ! lui dit-elle, en présentant son joli visage au baiser habituel.

— Oui, ma chère amie, j'ai fini mes courses, et comme toujours, sans succès...

- Espérons qu'une autre fois tu seras plus

heureux !... Tu n'a pas oublié d'aller chez M⁸ Félix pour toucher notre petite rente ?..,

— L'étude était fermée, répondit Martial avec effort.

— N'iras-tu pas demain ? Nous n'avons presque plus d'argent, tu le sais, et cette rentrée serait la bienvenue....

— Oui, demain sûrement, répondit Martial... Car j'ai une idée, à propos justement de ces fonds que nous avons déposés chez le notaire Félix...

— Ah !... Une bonne idée ?

— Mais je le pense, chère amie.

Martial était fort embarrassé, devant les questions inconscientes de sa femme, pour trouver le biais favorable à la cruelle révélation qu'il avait à lui faire. Il pensa qu'en prolongeant un peu l'entretien, l'occasion s'en présenterait plus facilement et qu'il pourrait tout lui apprendre sans trop brusquer son cœur si sensible.

— Ainsi, que dirais-tu si je retirais nos dix mille francs de chez le notaire ? reprit-il, en essayant de donner à sa physionomie une expression moins sombre.

— Dans quel but, mon ami ?

— Le voici... Cette somme ne nous rapporte que 5 0/0, tandis que ce revenu pourrait qua-

drupler, si je faisais valoir moi-même notre
petite fortune dans le commerce, l'industrie...
Il y a tant de moyens, à présent !

— Oui, tant de moyens de perdre le peu que
l'on a.... Tandis que chez un notaire, l'argent
est au moins en sûreté...

L'embarras de Martial devenait une gêne véritable. Il sentait que le moment était proche
où il ne pourrait plus cacher la vérité à sa
femme.

— C'est que, vois-tu, Estelle, je ne suis pas
tout à fait de ton avis, reprit-il, et j'ai quelquefois certaines craintes, car enfin, on cite bien
des exemples de notaires infidèles, et si Mᵉ Félix......

— Lui ! dit-elle, en levant mignonnement les
épaules... Lui, qui a les mœurs les plus austè-
res de Paris !... Tu n'es pas heureux dans l'application, mon ami...

— Oui, je sais bien, Mᵉ Félix est à l'abri de
tout soupçon, fit Martial, et c'est une folie de
ma part...

— Va, ne te mets pas martel en tête pour rien !

— Je crois que tu as raison.

Il fallait cependant en finir, et Martial, sachant
combien Estelle était au fond courageuse, résolut de brûler ses vaisseaux.

— Cependant, ma chère, reprit-il, permets moi de supposer, ce que je reconnais absurde, si tu veux, qu'on vienne t'apprendre que Me Félix est tranquillement installé en Belgique ou aux Etats-Unis, ayant mis la frontière ou les mers entre lui et les clients qu'il dévalise...

— Je n'y croirais pas, voilà tout !

— Mais si un pareil malheur arrivait réellement, reprit Martial, si le doute n'était plus possible....

— Alors, quand le fait me serait matériellement prouvé, continua Estelle, j'accepterais ce coup terrible comme une nouvelle épreuve que la Providence nous enverrait, et je me résignerais...

— Eh ! bien ! alors, ma chère, la Providence, en ce cas, songe à nous, fit Martial avec un rire amer... La nouvelle de la fuite de Me Félix est officielle à cette heure !

— Ciel ! mon ami, que dis-tu ?

— L'impitoyable vérité... Il emporte deux millions et nous réduit à la misère !

— Que la volonté de Dieu soit faite ! dit douloureusement Estelle.

— Ah ! je ne suis pas si chrétien, moi, reprit Martial avec violence... Et si je tenais ce bandit, là, en face de moi, il paierait pour tous !

— Calme toi, cher Martial !

— Mais tu ne vois donc pas que notre vie, déjà si humble, va devenir affreuse ?... Toi, surtout, dont un travail ingrat flétrit les plus belles années, tu seras moins forte que moi contre les privations qui seront désormais notre lot !...., Qu'adviendra-t-il de nous ?

— Ce qu'il plaira à Dieu, mon ami ! fit Estelle avec résignation.

— Dieu ! dis-tu... Nous sommes si petits pour qu'il nous voie ! Tiens, j'ai la tête en feu, la fièvre aux veines.... Je sors, j'ai besoin d'air.... J'irai aux dernières nouvelles.

Et prenant convulsivement son chapeau, Martial partit, laissant Estelle attérée.

Quoiqu'elle en eût et malgré son angélique douceur, ce coup l'avait en effet brisée. Mais c'etait encore plus à son cher mari qu'à elle-même qu'elle pensait au milieu de sa douleur. Quoi ! un lâche intrigant pouvait donc ainsi, du jour au lendemain, plonger dans le plus cruel dénûment un honnête homme comme Martial ! Alors à quoi sert-il donc de l'être ? Elle chassa aussitôt cette mauvaise pensée, et s'agenouillant, elle raffermit son âme par une fervente prière.

Estelle se relevait, plus calme, lorsque la son-

nette de l'appartement résonna. Elle ouvrit len
tement la porte et se trouva en présence d'un
visiteur qu'elle attendait si peu qu'en l'apercevant elle ne put s'empêcher de murmurer :

— Chacun sa croix... Voici la mienne !

Le personnage qui se présentait si intempes-
tivement mérite une mention particulière, car il
est destiné à jouer, dans cette véridique histoire, un rôle important et fatal.

C'était un Mexicain, d'environ 40 ans, nommé
Don Torribio, propriétaire d'innombrables troupeaux dans les vallées de la Sonora, et qui était
venu en Europe pour y dépenser plus joyeusement que dans son beau mais triste pays, ses
énormes revenus. Il avait visité toutes les grandes capitales, mais Paris seul avait eu le privilè-
ge de le séduire et de le garder. Le frottement
d'une civilisation raffinée avait poli les âpres
côtés de sa nature sauvage, mais sans entamer sa
dure écorce. L'intérieur, l'*aubier* de son être
était resté le même, et quand une passion quelconque, l'amour, la haine, le jeu, lui faisait
sentir ses aiguillons, les instincts de son tempérament primitif reprenaient aussitôt le dessus
malgré lui et le rendaient un homme véritablement dangereux.

Don Torribio avait fait la connaissance de

Martial chez une actrice du Palais-Royal, la célèbre Lélia, que ce dernier cherchait à intéresser au sort d'une de ses pièces qu'il avait présentée au directeur de ce théâtre, sur lequel l'artiste passait pour avoir une grande influence.

A l'inverse de ces rastaquouères exotiques qui reçoivent plus des femmes qu'ils ne leur donnent, Don Torribio entretenait Lélia sur un pied extrêmement luxueux et il était fier de se montrer à ses côtés, au Bois, dans un somptueux équipage. Mais cette liaison ne l'absorbait cependant pas au point de ne pas laisser place dans son cœur pour d'autres amours.

Un jour qu'il était allé faire une visite à son nouvel ami, il avait été ébloui par la splendide beauté de la jeune épouse de Martial, qu'il ne connaissait pas encore. Voir et désirer, étant tout un pour Don Torribio, il s'était dit à l'instant même qu'Estelle lui appartiendrait. Mais, en homme que le contact de la bonne société avait façonné aux habitudes du monde, il comprit que madame Hubert n'était point une de ces femmes qu'on attaque et qu'on soumet à son gré. Il fallait sans doute un certain temps pour l'amener à composition, et il commença dès lors un siège en règle. Il se lia d'abord plus étroitement avec Martial et ne tarda pas à con-

naître à fond la position embarrassée du ménage. C'était un atout précieux dans son jeu
qu'il ne devait pas négliger. Il multiplia donc
les visites qu'il faisait rue d'Assas, aux heures
surtout où il savait que Martial était sorti pour
courir après les cinq francs du lendemain. Les
bouquets qu'il envoyait à Estelle furent bientôt accompagnés de riches cadeaux, mais si elle
acceptait les uns, elle refusait toujours net-
tement les autres, car, avec ce tact extraordinaire des femmes, elle avait ressenti, dès le
premier jour, une extrême répulsion pour Don
Torribio et n'avait pas eu de peine à deviner le
but odieux de ses assiduités.

En venant ce jour là chez Martial, Don Torribio, qui connaissait la disparition du notaire
Félix, se proposait d'avoir bon marché d'Estelle ainsi réduite, du jour au lendemain, à la
position la plus précaire. De son côté, Estelle,
en le voyant, avait senti redoubler l'aversion
qu'il lui inspirait et était résolue à lui parler
fièrement, s'il oubliait encore vis-à-vis d'elle le
ton de la bienséance.

Dès que le Mexicain fut entré, elle s'empressa
de prendre les devants.

— Mon mari n'est pas là, Don Torribio ! lui
dit-elle sèchement.

— Je le sais, madame.... Je sais aussi la nouvelle catastrophe qui vous atteint !... Martial, de qui j'ai la confiance.....

— Que vous reconnaissez dignement en me poursuivant de vos offres insultantes !...

— Dites de mon amour, madame !... Or, pesez bien mes paroles, votre situation est désespérée, et il vous serait facile avec un peu de complaisance......

— Assez, Monsieur ! fit Estelle avec indignation.... Nous sommes pauvres, c'est vrai, mais il nous reste l'honneur !.... Ce sentiment vous est-il connu ?...

— Vos dédains ne me lasseront pas, sachez-le, car la passion est implacable au Mexique, qu'elle se nomme haine ou amour, reprit Don Torribio en cherchant à saisir Estelle par la taille.

Mais elle, se dégageant par un mouvement rapide, s'enfuit de la chambre en lui jetant à la face ces derniers mots :

— En France, le mépris est éternel !

Il essaya de la poursuivre, mais Estelle s'était enfermée. Sa rage alors ne connut plus de bornes, et tendant le poing vers la porte par laquelle elle s'était retirée :

— Ah ! imprudente créature ! s'écria-t-il...

Si j'étais dans mes forêts mexicaines, au milieu de mes insensibles vaqueros, tu saurais ce qu'il en coûte pour repousser un Don Torribio !

Il achevait à peine cette imprécation que Martial rentra. Il courut à Don Torribio la main tendue :

— Eh ! quoi, c'est vous, mon excellent ami ! lui dit-il.

— Oui, je viens vous offrir mes consolations et ma bourse....

— Je vous remercie des unes et je refuse l'autre, fit Martial.

— Entre amis, cependant....

— Oh ! j'ai bon courage, ma femme est forte aussi... Nous lutterons, Don Torribio !

— Vous ne réussirez pas, Martial !.... Toutes les carrières sont encombrées, toutes les voies obstruées, vous le savez par vous-même, et ce n'est plus en Europe qu'on peut aujourd'hui se tailler une bonne place au soleil, poursuivit Don Torribio.

— Où donc alors ?

— En Amérique !... Enfant des Savanes, j'ai commencé, moi qui vous parle, avec quelques onces dans ma poche, et je possède maintenant, dans la Sonora, plus de soixante mille têtes de bétail....,

— Oui, l'Amérique, la terre des grandes choses, dit-on ! fit Martial préoccupé.

— Ajoutez : la terre de l'or !

Tout un plan machiavélique venait de se présenter subitement à l'astucieuse imagination de Don Torribio. Connaissant le caractère honnête, mais un peu faible et irrésolu de Martial, il entrevit la possibilité de le pousser vers la Californie, en faisant miroiter à ses yeux les richesses incalculables de ce pays inconnu. Et alors Estelle serait à lui !

Martial restait pensif, et Don Torribio profita habilement de l'indécision où il le voyait plongé.

— Pourquoi n'iriez-vous pas en Californie, Martial ? reprit-il.

— En Californie ?... Mais tout ce que l'on en raconte ressemble tant à des fables ! dit Martial.

— Rien n'est plus sérieux, cependant, et tous les récits sont encore au-dessous de la vérité...

— Comment ?... Vous croyez que...

— Écoutez-moi bien, Martial, continua Don Torribio... Vous connaissez l'affectueux intérêt que je vous porte, n'est-ce pas ?...

— Oh ! je sais que je peux compter sur vous !

— Eh ! bien, vous êtes jeune, fort, courageux, c'est déjà le principal... De plus, puisque vous avez refusé mes services désintéressés, je vous propose maintenant une association... Je vous fournirai les fonds d'une petite pacotille que vous vendrez là-bas à cinq cents pour cent de bénéfice, et nous partagerons !... Vous serez alors sur le chemin de la fortuné... Voyons, est-ce dit ?...

— Certes votre idée est merveilleuse, répondit Martial qui se sentait ébranlé... Mais je n'ai pas l'habitude du commerce, et si je ne réussis pas...

— Vous aurez alors la ressource infaillible des Mines !

— Oui, les Mines, où l'on prétend qu'il n'y a qu'à se baisser, dit Martial en riant.

— Littéralement ! fit Don Torribio... Vous acceptez ?...

— Oui, j'accepte, mais à une condition, c'est que vous viendrez avec nous !...

— Impossible... J'ai des intérêts qui me retiendront encore assez longtemps à Paris... Nous nous retrouverons plus tard !... Tenez, prenez ce chèque sur mon banquier et ne vous attardez pas dans vos préparatifs... Bon voyage, Martial !...

— Au revoir, précieux ami, à San-Francisco !

Ils s'embrassèrent, et Don Torribio s'éloigna en murmurant avec une joie sauvage :

— Maintenant, femme altière, à nous deux!...
Autres pays, autres mœurs !

§ 2. LA MAISON DE JEU LA POLKA

Parmi les maisons de jeu dont San-Francisco fourmillait à cette époque, celle dite *La Polka* se faisait surtout remarquer par le luxe de son aménagement et l'affluence extraordinaire des joueurs qui la fréquentaient. D'abord construite Pacific Street, elle avait été complètement brûlée par l'affreux incendie qui détruisit la moitié de la ville, bâtie alors presque toute en bois, le 23 juin 1851. Elle fut réédifiée dans un quartier beaucoup plus central, Commercial Street, et rien ne fut épargné, par ses propriétaires, pour en faire une véritable merveille ; c'étaient trois Français, morts depuis, MM. Carrière, Dufour et Baroilhet, ce dernier frère du grand chanteur qui attira longtemps la foule à l'Opéra de Paris.

Dans une salle immense, somptueusement décorée, on voyait un nombre infini de tables vertes de toutes les grandeurs et de toutes les formes pour les jeux les plus variés, le Trente et Quarante, la Roulette, le Pharaon, le Vingt-et-un, le Monte, le jeu de Fortune et dix autres. A droite, en entrant, régnait un Bar immense qui tenait toute la longueur du côté, avec de gigantesques étagères remplies des liqueurs les plus ardentes, Gin, Rhum, Cognac, Whiskey, Cherry Cordial, Peppermint, que les buveurs, debout devant le comptoir, ne cessaient un instant d'absorber que pour aller porter à une table quelconque leur dernière piastre. Près de la caisse, se trouvaient de fortes balances et des piles d'or et d'argent contre lesquelles les mineurs venaient à tout moment échanger leur poudre ou leurs pépites. Au fond, à gauche, s'élevait une vaste plateforme ornée d'un piano et où se tenaient les chanteurs et les instrumentistes. Au plafond et aux parois, pendaient des lustres magnifiques chargés d'huile de pétrole et projetant une lumière éclatante.

Là, se réunissait la foule la plus bigarrée. On y rencontrait des négociants américains en frac noir et chapeau à haute forme ; des Allemands en petite redingote boutonnée et en casquette d'étudiant ; des Français en pantalon de coutil et en blouse de laine rouge ou bleue, avec de grandes bottes de mer ; des Mexicains en costume national ; des nègres en culotte et veste blanche, avec ceinture écarlate ; tous armés de longs couteaux ou de forts revolvers enfermés dans leurs gaînes. Et comme dernier coup de pinceau à ce tableau, on apercevait çà et là, dans ce remous vivant, quelques trappeurs en justaucorps de buffle et en bonnet de fourrure, appuyés sur leurs rifles, impassibles, ne jouant jamais. Rien ne peut donner une idée de la Polka lorsque les jeux étaient dans toute leur animation; il faut l'avoir vu!

C'est dans cet établissement que nous allons retrouver Martial Hubert.

Ses premiers pas avaient été marqués par une amère déception. La cargaison qu'il avait embarquée à bord du voilier où il avait lui-même pris passage avec sa femme, et qui se composait principalement de vins et de spiritueux, fort rares au début, et dont il comptait se défaire à un prix très élevé, se trouva soumise, à l'arrivée, à une taxe de douane extraordinaire. Or, n'ayant pas d'argent pour l'acquitter, il dut laisser vendre ses marchandises par les employés du fisc, qui se payèrent alors de leurs droits et lui remirent le maigre reliquat. Il faut dire qu'à cette époque, en effet, les tarifs de la douane américaine étaient monstrueux, puisque les spiritueux, surtout, coûtaient plus de cent pour cent d'entrée.

A peine débarqué, Martial s'était donc trouvé presque sans ressources. Il s'était logé un peu

loin de la ville naissante, à la petite baie de la
Laguna, et pendant qu'Estelle s'occupait des
soins de leur pauvre intérieur, il s'était mis en
quête d'une place quelconque qui lui donnât au
moins le pain de chaque jour. Il était entré à la
Polka comme garçon de salle.

Au moment où nous le revoyons, cette maison de jeu était dans son plus grand éclat. Les
tables étaient entourées par un double rang de
joueurs, les uns assis, les autres debout par
derrière ; le Bar ne cessait de verser ses bois-
sons pimentées dans les gosiers des mineurs
et des marchands ; les musiciens faisaient rage
sur leur estrade,

Tout à coup, un Américain, placé à une table
de pharaon, appela :

— Boy, one glass gin cocktail ! dit-il !

— Voilà, répondit Martial.

Puis, s'approchant du joueur, il lui dit en
pitoyable anglais :

— Pardon, je n'ai pas bien compris...

L'Américain furieux, frappant la table d'un
formidable coup de poing, s'écria :

— Goddam !... Son of a bitch, I call for a gin
cocktail !...

Encore peu familier avec les multiples et
bizarres dénominations que les Américains ont

données à leurs singuliers breuvages, Martial restait assez perplexe. Le tailleur du pharaon eut pitié de l'embarras de son compatriote, nouveau venu dans la maison.

— Ce gentleman demande un verre de genièvre aromatisé, lui dit-il.

— Je l'apporte à l'instant, monsieur ! répondit Martial.

Et il courut vers le Bar, encombré par les consommateurs, en se disant qu'il faisait un métier infâme, puisqu'après avoir caressé des rêves d'or et de bonheur, il en était réduit à être le valet d'un ramassis de brigands chassés de toutes les parties du monde.

Il revint vers la table de pharaon et présenta à l'Américain le verre qu'il avait demandé. Celui-ci le porta à ses lèvres, et après en avoir à moitié vidé le contenu, il jeta le restant à la figure de Martial.

— Ah ! misérable !... exclama-t-il si grossièrement outragé... Si j'avais une arme !

Et il se précipita bravement sur l'Américain. Mais celui-ci, un gigantesque Kentuckien, se leva, envoya tranquillement Martial rouler à dix pas de la table, et riant bruyamment, reprit sa place au jeu, en disant :

— Oh ! very good... Charming, by God !

Et tout le monde de faire chorus avec lui.

Martial se relevait à peine, tout étourdi de sa chûte et la rage au cœur, quand une voix partie d'une table de roulette, vint le rappeler à sa vie d'humiliations.

— Muchacho, un vaso de mezcal! demanda un Mexicain.

— A cet autre bandit, à présent ! pensa Martial.

Et s'approchant du Mexicain :

— Votre Seigneurie demande? fit-il.

— Carjaco ! un vaso de mezcal, cabron ! reprit le joueur avec impatience.

— Bien, j'entends... Un verre de mezcal... A la minute, Caballero !

Et il apporta promptement le rafraîchissement réclamé.

La scène rapide qui s'était passée entre le Kentuckien et Martial, avait eu un témoin impassible. C'était un trappeur à l'aspect vénérable, à la longue barbe grise, au regard doux et profond, paisiblement appuyé, les mains croisées, sur le bout du canon de sa carabine.

Comme Martial repassait devant lui, il l'arrêta d'un geste amical et lui dit en excellent français :

— Jeune homme, vous semblez peu fait pour

servir les autres... Mais c'est ici le monde renversé, voyez-vous !

— Merci, étranger, répondit Martial... Vous me comprenez, vous !

— Je vous plains, pauvre oiseau dépaysé !

— Et qui ne reverra peut-être jamais sa patrie ! fit Martial tristement.

— Pourquoi ? reprit le trappeur... La vie est rude ici, c'est la terre de décevance... Mais avec du courage et de la santé, on peut s'en tirer.

— Y êtes vous donc depuis longtemps ? demanda Martial, dont le ton de son interlocuteur éveillait la curiosité.

— Moi ? depuis si longtemps que je ne me souviens plus de ma verte Irlande ni de ma belle ville de Dublin... Voilà trente ans, jeune homme, que je mène la vie solitaire et libre du trappeur américain !

— Trente ans !.. Seul trente ans !.. Et vous ne désirez pas revoir l'Europe ? fit Martial.

— Par St-Patrick, mon patron, qu'y ferais-je ? Je n'ai plus de famille, plus d'affection, plus rien, qu'un seul ami qui ne m'a jamais trahi, lui !

Et frappant sur son rifle, il ajouta :

— N'est-ce pas, mon vieux camarade, tu ne me quitteras qu'à la mort, toi ?

A la curiosité succédait maintenant chez Martial une sorte d'intérêt réel pour le trappeur. Il voyait, en outre, dans l'expression de son regard, une si compatissante bonté, qu'il crut pouvoir le questionner davantage.

— Pardon de mon indiscrétion, vénérable trappeur, reprit-il... Elle a pour excuse la sympathie qui m'entraîne vers vous !.. Mais on dirait, à l'amertume de vos dernières paroles, que, dans votre jeunesse, vous avez souffert de quelque poignante douleur !

— Eh ! pauvre enfant, qui donc oserait se flatter d'avoir été toujours heureux ?.. J'ai eu mon lot de peines, comme les autres... J'ai cru à l'amour, à l'amitié... Ma maîtresse me quitta le jour où je n'eus plus de guinées à jeter par les fenêtres et les amis me tournèrent le dos quand je voulus leur en emprunter ! Eux que j'avais si souvent obligés !

— Et maintenant ? fit Martial attendri.

— J'attends tranquillement que Dieu mette fin à ma longue et stérile carrière, et pour tuer le temps qui me le rendra bientôt, je chasse les bêtes sauvages, afin d'en avoir les peaux que je troque ici ensuite, contre des vivres, du rhum, des balles et de la poudre...

— De la poudre d'or ? exclama Martial.

— Non, enfant, de la belle et bonne poudre, bien noire, bien reluisante, bien fine, portant gaillardement à cinq cents pas un lingot de plomb entre les deux yeux d'un élan ou au défaut de l'épaule d'un ours brun... Patrick n'estime que celle-là !

— Quoi !.... Jamais d'argent ? fit Martial étonné.

— Pourquoi faire ? répondit le trappeur... Il me chargerait inutilement...

— Et vous êtes heureux ?

— Autant que l'homme peut l'être ici-bas !

— Étrange philosophie, pensa Martial, et là est peut-être l'illusion !

Et comme le tailleur du Trente et Quarante appelait pour avoir des cartes neuves, il ajouta :

— Et voilà l'affreuse réalité !

Et il s'empressa d'apporter les cartes demandées.

Pendant les scènes qui venaient de se succéder, deux hommes, vêtus du costume mexicain, s'étaient rencontrés dans une autre partie de la Polka, et après s'être retirés dans un coin un peu moins bruyant de la vaste salle, s'étaient mystérieusement abordés.

De ces deux hommes, l'un était facile à reconnaître; c'était Don Torribio. L'autre se nommait Antonio Clarès, et était le gérant des immenses propriétés du riche ranchero.

— Eh ! bien ? avait interrogé Don Torribio avec avidité.

— On ne m'avait pas trompé, señor, il est employé dans l'établissement, répondit Clarès en baissant la voix.

— Bien... Ce hasard nous sert à merveille !

— Regardez, señor, le voilà au fond, de la Polka donnant à boire aux musiciens, reprit Clarès.

—En effet, c'est bien lui !... Nous avons donc le champ libre...

Martial revenait en ce moment. En apercevant Don Torribio, il posa rapidement sur une table le plateau qu'il avait à la main, et venant droit à lui, pendant que Clarès se retirait à l'écart :

— Que vois-je ? s'écria-t-il... Don Torribio !

Le Mexicain ne s'était pas attendu à se rencontrer si promptement face à face avec Martial. Dominant sa contrariété, il lui répondit :

— Moi-même, mon cher Martial... Mais c'est à moi à me récrier !... Ce costume, le métier que vous faites...

— M'aident à gagner mes vivres de chaque

jour, comme on dit ici, fit Martial.., Nous vivons donc, voilà tout !...

— Se peut-il ?... Mais votre petite cargaison ? demanda Don Torribio.

— Dévorée par les droits de douane, d'emmagasinage et de commission... Un peu plus, on allait me prouver que je devais du retour !

— C'est incroyable !

— C'est de l'histoire, Don Torribio !.. Il fallait manger et je me suis mis garçon de salle !.. Car, ici, malheur à ceux qui ne sont pas serruriers, maçons, peintres, charpentiers ou couvreurs... L'habile ouvrier, comme l'ignorant manœuvre, gagnent seuls de gros salaires ! L'homme du monde, l'homme instruit, meurt de faim, à moins qu'il ne se résigne à faire comme moi, ou pis encore !

— Quelle expérience vous avez déjà du pays et des choses, mon pauvre ami ! fit Don Torribio d'un air d'hypocrite compassion.

— Elle vient vite quand on souffre ! Mais vous, Don Torribio, il me semblait que vous deviez rester assez longtemps en France ? demanda Martial.

— Il est vrai, mais un procès que j'y poursuivais s'étant arrangé à l'amiable...

—Vous en avez profité pour revoir le sol natal !

— Et accomplir une tournée dans mes ranchos de l'intérieur, avant de visiter mes troupeaux de la Sonora... Mais pardon, ajouta Don Torribio en cherchant Clarès des yeux, j'ai à causer avec mon intendant...

— Faites, je vous en prie... Il faut d'ailleurs que je m'occupe de mon service !... Mais nous nous reverrons bientôt, n'est-ce pas ?

— N'en doutez pas, mon cher Martial.

Et Don Torribio s'éloigna en riant méchamment d'une pensée intérieure, fit un signe à Clarès, et tous deux furent s'asseoir sur un large divan qui tenait toute une encoignure de la salle, derrière l'amphithéâtre des musiciens.

En quittant Don Torribio et en se dirigeant vers le Bar pour y replacer le plateau et les verres qu'il portait, Martial se trouva une seconde fois en présence du trappeur. La physionomie de l'Irlandais semblait préoccupée, son regard était soucieux.

— Vous connaissez ce Caballero? demanda-t-il brusquement à Martial, en lui montrant Don Torribio qui causait avec Clarès.

— Don Torribio ?.. Je crois bien, c'est un ami de Paris, répondit Martial.

— Ici, jeune homme, il n'y a plus que des ennemis, ne l'oubliez pas ! -

— Vous n'êtes pas le mien cependant, si j'en crois mes pressentiments, reprit Martial.

— Je n'aime ni ne hais personne !... J'ai laissé ma sensibilité en Irlande, il y a trente ans !

— Oh ! vous vous calomniez, respectable trappeur, vous êtes bon, vous! dit Martial avec une pointe d'émotion.

— Je n'en sais rien, personne ne me faisant du mal !....

Une voix, celle du tailleur, s'éleva alors de la table du Vingt et Un, criant :

— Garçon, des cigares à ces Messieurs !

— On y va, répondit Martial.

Et il quitta vivement le trappeur.

Celui-ci gagna lentement l'extrémité de la Polka, vers laquelle Don Torribio et Clarès s'étaient dirigés, et s'approchant d'eux autant que possible, il se tint debout près de la table du Trente et Quarante, appuyé sur son rifle et semblant suivre le jeu avec attention, tout en ne perdant pas une parole de la conversation des deux Mexicains. Elle paraissait animée et tirer sur sa fin.

— Ainsi, Clarès, tu m'as bien compris ? disait Don Torribio.

— Parfaitement, señor !

— Surtout pas de violence, du moins s'il se peut, ajouta Don Torribio.

— On sait se conduire en caballero, señor !

— Une fois à bord de la barque que j'ai préparée et qui attend au bout du Long-Wharf, tu mettras immédiatement à la voile jusqu'à l'embouchure du San-Joaquin...

—Oui, je sais !... Je gagnerai ensuite Stockton de toute la vitesse des mules que je prendrai à votre habitation de Benicia...

— C'est cela, fit Don Torribio.

— Enfin, après quelques heures de repos, je me remettrai en route pour ne m'arrêter qu'à votre rancho de Calaveras, continua Clarès.

— Et où je ne tarderai pas à te rejoindre... Alors, privée de tout espoir, loin de tout secours, elle sera bien à moi ! fit Don Torribio avec une joie féroce.

— Elle est donc bien belle, cette perle française, señor ?

— Tu pourras en juger !... Mais pars, les instants sont précieux...

— Vous serez satisfait de moi, noble señor, dit Clarès en saluant son maître et en quittant la salle.

Le trappeur avait tout entendu, et quoique

habitué aux scènes de violence, il ne put se défendre d'un âpre serrement de cœur. Quel était ce crime que méditaient les deux Mexicains et quelle devait en être la victime? Il ne savait pas pourquoi, mais il lui semblait que le rapt qui se préparait le touchait aussi et qu'il aurait un rôle à remplir dans ce drame.

Il continua donc de surveiller Don Torribio.

Ce dernier, après le départ de Clarès, s'était levé, et s'approchant de la table de Trente et Quarante, il dit au tailleur :

— Je fais mille gourdes sur parole, à noire !

— Très bien, fit le tailleur d'un ton gracieux, la parole du riche Don Torribio est d'or !

Et tirant les cartes :

— 36 !... poursuivit-il, rouge gagne !

— Paroli !... La banque tient-elle ? demanda le Mexicain.

— La banque tient la doublure... A quelle couleur, señor ?

— Noire toujours !

— 39 !... annonça le tailleur.

— J'ai beau jeu pour ma couleur... Masse en avant de cent onces, si vous voulez, fit Don Torribio.

— Accepté !... 40 !... rouge gagne !

— Allons, malheureux au jeu...

— Heureux en femmes ! dit Martial qui venait de s'approcher des joueurs pour voir s'ils avaient besoin de quelques rafraîchissements.

— C'est une consolation, répondit Don Torribio en riant... Et c'est lui qui le dit ! ajouta-t-il mentalement... Il ne sait pas si bien dire !

Il prit son cahier de papier à cigarettes, en détacha une feuille, et après y avoir écrit quelques mots au crayon, il la jeta négligemment sur la table, en disant :

— Voici un bon de 3,700 piastres sur mon banquier Davidson !

Ensuite, il se dirigea vers la porte de sortie, accompagné de Martial qui cherchait à le retenir.

— Vous vous retirez déjà ? lui disait-il.

— Oui, je suis invité à une médianoche chez le consul d'Espagne...

— Bonne chance, alors...,

— Je l'espère bien ainsi ! répondit Don Torribio.

Et son œil lançait un éclair. Puis, faisant un signe amical à Martial, Don Torribio disparut.

En se retournant, Martial aperçut le trappeur qui venait à lui, l'air sombre.

— Je le pressentais, cet homme est un en-

nemi, dit-il, en suivant des yeux Don Torribio,
mais de qui ?... Jeune homme, n'ayez confiance
qu'en vous, sur la terre !

— Et dans ma fidèle compagne plus qu'en
moi, Patrick !

— Vous êtes marié ?

— Oui, bon trappeur...

— Et votre épouse ?

— A voulu partager mes dangers, elle est à
San-Francisco !...

— Cachez-la bien, jeune homme... Nous ha-
bitons un sol de rapines où la femme donne
plus de soucis que l'or ! dit mélancoliquement
Patrick.

— Merci, je ferai bonne garde !

Tout à coup, un grand bruit se fit, une violente discussion s'éleva à la table de la roulette.
Martial et Patrick se rapprochèrent.

— Bagasse ! Yankee ! exclamait un Français...
Je vous dis que ces dix dollars sont à moi...

— No, by God !... No, sir...

— Si... Si... Cap de Diou !

— No... No... Goddam !

— Eh ! bien, touchons y donc pour voir,
ajouta le Français en se dressant vivement.

— Yes ! repartit l'Américain.

Et il se leva à son tour pour saisir l'argent.

— Ah ! c'est comme ça, troun de l'aïre !...
Attends un peu que je te bouche l'œil, Yankee
du diable !

Et joignant rapidement le geste à la parole, le
Français détachait un maître coup de poing en
plein visage de l'Américain. Celui-ci, sortant
lestement son revolver, tirait sur le Français qui
ripostait, et bientôt une bagarre générale se produisit.

A la vue de ce spectacle, Martial voulut percer la foule pour séparer les combattants, mais
Patrick le retint.

— Ces malheureux vont s'égorger ! fit-il tout
haletant.

— Laissez-les se débarbouiller, ils y sont ha-
bitués, c'est la mode ici, dit Patrick avec indifférence.

— Mais le devoir, Patrick !

Et s'échappant de l'étreinte du trappeur,
Martial se jeta dans la mêlée en criant : Messieurs !... Messieurs !... La voix s'arrêta tout
d'un coup dans sa gorge et il tomba dans les
bras de Patrick. Il venait de recevoir une balle
dans l'épaule !

— Pauvre garçon ! murmura le vieux trappeur... Aussi, entre l'arbre et l'écorce, bien fou
est qui va mettre son doigt !

§ 3. CHEZ MARTIAL, A LA PETITE BAIE
DE LA LAGUNA

Après la terrible scène de la Polka, Patrick avait transporté Martial dans le misérable taudis que celui-ci occupait, avec Estelle, à la petite baie de la Laguna. Outre le lit de sangle, sur lequel le trappeur avait étendu le blessé, il n'y avait dans cette pièce qu'une grande malle, une méchante table en bois blanc, quelques chaises, des ustensiles de toilette et de cuisine, et un fusil de chasse appendu à un gros clou.

L'honnête trappeur s'était assis auprès de la couchette, attendant que Martial sortit de sa torpeur.

— Il ne revient pas de son évanouissement, murmurait-il... Malheureux enfant !... Voilà ce qu'on attrappe à se dévouer pour les autres !

Et se penchant sur le corps pour examiner la blessure, il continuait :

— La balle est entrée assez profondément, mais rien d'essentiel n'est attaqué... Je vais mettre sur la plaie quelques gouttes de ce baume d'*Yerba Buena* qui ne me quitte jamais, le plomb remontera à la surface et dans quelques jours il n'y paraîtra plus...

Et sortant de sa carnassière une poignée d'étoupe de lin très fine, il l'arrosa d'un filet de baume, et l'appliqua délicatement sur le mal.

— Voilà la panacée universelle ! disait-il, en achevant le pansement avec un mouchoir qu'il passa sous l'aisselle de Martial et qu'il noua sur l'épaule... A nous autres, habitants des solitudes, Dieu a donné la connaissance des plantes salutaires, car partout le bien croît à côté du mal pour le guérir !... Je ne sais pourquoi, mais je me sens pris de pitié pour ce brave jeune homme, moi, qui depuis trente ans, croyais mon âme inaccessible aux douleurs humaines !... Trente ans ! c'est bien du temps... Mais à la longue, la pierre même s'use, et mon cœur, hélas ! n'était pas de pierre !.

En ce moment, Martial poussa un faible soupir.

— Le blessé revient à lui, reprit Patrick... Le sommeil éternel valait peut-être mieux, qui sait !

Et se penchant sur le lit, il entendit Martial proférer le nom d'Estelle.

— Il murmure un nom, celui de sa femme sans doute ! continua le trappeur.... Mais, en effet, où donc est-elle ?

— Estelle, viens près de moi, fit Martial en

ouvrant les yeux et en reconnaissant son nouvel ami.

. — Vous êtes mieux ? demanda Patrick.

— C'est vous ! bon Patrick ! Oui, je souffre moins, grâce à vos soins généreux.... Mais Estelle, pourquoi n'est-elle pas à mes côtés ? fit Martial en jetant un regard inquiet autour de lui.

— Je ne sais... Je n'ai vu personne ! répondit le trappeur.

— C'est impossible, elle ne sort jamais !

— Voyez vous-même, Martial.

Et Patrick aida le blessé à descendre du lit. Celui-ci fit le tour de la chambre, puis ouvrit la porte de l'escalier, en proie à une angoisse extrême.

— C'est vrai, fit-il... Personne !

Et d'une voix désolée :

— Estelle !... Estelle !... Où es-tu, amie ?... C'est moi, Martial !...

— L'écho est sourd ! dit Patrick tristement.

. En regagnant sa couche d'un pied chancelant, Martial s'embarrassa dans un objet qui traînait à terre, il se baissa pour le ramasser, et le portant vivement à ses yeux :

— Mais qu'est-ce que ceci ?.s'écria-t-il d'une voix navrante.... Son fichu déchiré, en lam-

beaux ! Mon Dieu ! que signifie cet indice ?....
Puis là... Son bracelet tressé de nos cheveux et
qu'elle portait jour et nuit... brisé !... tordu !....

Patrick suivait d'un regard anxieux tous les
mouvements de Martial.

— C'est étrange ! murmura-t-il.

— Mais, Patrick, dites-moi donc que je me
trompe... que je n'ai rien vu !... Car il me vient
un soupçon affreux.... Oh ! non, ce serait trop
horrible ! gémit-il avec un sanglot déchirant.

— Calmez-vous, Martial !

— Patrick, si on me l'avait ravie !.. Car, je la
connais, elle n'aurait cédé qu'à la force !... Oh !
mon Dieu ! mon Dieu !....

Ce fut un éclair dans l'esprit du trappeur.

—Par l'Être Suprême ! s'écria-t-il tout à coup..
Quelle clarté soudaine illumine ce mystère !

— Que savez-vous, Patrick ?... Par grâce,
parlez... Le doute me dévore...

— Il n'est plus possible, cher enfant !

— Oh ! que dites-vous donc ?

— Avez-vous du courage ? continua Patrick...
Oui, je l'ai vu à la Polka !... Eh bien, apprenez
que le hasard, ou plutôt Dieu, m'y a rendu le
confident d'un infernal secret !... deux hommes,
deux mexicains...

— Nommez les, Patrick !

— L'un est votre ami...

— Don Torribio ? exclama Martial.

— Lui-même !... Ce noble hidalgo et son digne serviteur Clarès concertaient ensemble un ignoble complot... Clarès devait enlever une femme, une française, et la conduire dans la plus éloignée des habitations de Don Torribio, au rancho de Calaveras...

— Perdue !... Mon Estelle perdue ! fit Martial avec une douleur inexprimable... Oh ! le lâche !... Et il me serrait la main !...

— Judas embrassait le doux Jésus en le livrant aux bourreaux ! répliqua Patrick.

— Oh ! si jamais je retrouve le traître...

— Vous le retrouverez, Martial !... Patrick connaît tous les sentiers...

— Quoi ! noble ami, vous voulez vous associer à ma mauvaise fortune ?

— C'est le chemin des Prairies, ça ne me dérangera pas !

— Grand cœur !

— Vous me faites du bien, Martial... Depuis trente ans, on ne m'avait pas parlé ainsi !.... Mais qu'avez-vous ?

Cette épouvantable émotion avait ravivé la blessure de Martial.

— Je souffre beaucoup, dit-il avec effort.

— Il faut prendre du repos, c'est le meilleur remède !

Et il aida Martial à se recoucher.

— Pauvre Estelle ! dit le malade... Elle doit souffrir encore plus que moi !

— Soyez confiant en Dieu !... Vous la reverrez, mon cher enfant..,

— Mon Dieu c'est vous, Patrick !

— Je ne suis que son obscur instrument, Martial !

— Ah ! vous êtes mon ami, vous, au moins !

— Et celui-là n'a jamais menti à ce titre saint !.. Dormez donc en paix, je veille, moi !

Et bientôt, terrassé par les angoisses morales et les souffrances physiques, Martial s'endormit en proférant des phrases entrecoupées où Patrick put distinguer ces mots :

— Trahison... Estelle... Lâche Torribio... Bon Patrick, mon sauveur !...

— Allons, se dit le vieux trappeur en reprenant sa place au chevet du lit, avant de fermer ma paupière, j'aurai trouvé quelques bonnes actions à faire le long de ma route... Sur le registre de sa justice, puisse Dieu les inscrire à mon crédit !

§ 4. LE CAMP DES INDIENS MONOS

A quarante lieues environ de San-Francisco, et sur une des rives du San-Joaquin, s'élevait rapidement en ce temps là une ville assez importante, nommé Stockton, qui représentait comme la capitale future des Mines du Sud, ainsi que la vieille cité de Sacramento l'était déjà de celles du Nord. Les Placers les plus riches de cette zône étaient à cette époque ceux de Mokalumné-Hill, de San-Andrea, de Calaveras et de Mariposa, où chaque jour les émigrants affluaient, repoussant peu à peu, plus avant dans l'intérieur des terres, les tribus Indiennes qui les peuplaient.

Une de ces tribus, cependant, semblait avoir trouvé grâce devant les vexations et les mauvais traitements que les Européens leur faisaient ordinairement subir. C'était celle des Indiens Monos, établis dans les montagnes qui avoisinaient le camp minier de Calaveras. Cette tolérance était surtout due aux bons offices que le chef de ces Peaux-Rouges avait rendus en maintes occasions aux mineurs, par son habileté à guérir les blessures et par les précieuses indications qu'il leur fournissait sur le choix des

Cañades où ils devaient de préférence enfoncer leurs pioches pour y trouver de l'or.

C'est au sein même de cette tribu que nous allons transporter le lecteur.

C'était un jour de fête. Au travers des éclaircies de la forêt où campaient les Indiens, on apercevait, disséminés çà et là, les nombreux wigwams qui composaient leur village. Au milieu d'eux, et les dominant, s'élevait la demeure du chef où, devant la porte, était suspendu, aux branches d'un latanier, un léger hamac dans lequel dormait un enfant qu'une jeune femme berçait, en chantant une lente mélopée que nous traduisons. Elle disait :

> Dors, mon enfant, la brise est molle et douce !
> Trop tôt pour toi souffleront les autans...
> Dors sur ce lit de feuillage et de mousse !
> Pour te bercer, du haut du pamplemousse,
> Le bengali va soupirer ses chants !
>
> Dors, mon enfant ! Les forêts ont de l'ombre !
> Contre les feux du soleil meurtrier
> Le Grand Esprit fit des arbres sans nombre !
> Dors en repos sous cette voûte sombre
> Que j'ai choisie au pied du latanier !

Comme ce chant venait de cesser, un homme parut sur le seuil du wigwam. C'était Vacotah, le chef de la tribu. Agé de trente ans, d'une stature très élevée, musclé en athlète, cet Indien, sans être beau, offrait le type le plus pur de ces antiques peuplades sauvages qui s'en vont disparaissant chaque jour devant les envahissements de la race blanche. Sa force et son courage l'avaient rendu l'idole des siens et la terreur, à cent milles à la ronde, des autres tribus, avec lesquelles d'ailleurs il était souvent en guerre.

En sortant de son wigwam, il s'approcha doucement de la jeune Indienne, et la touchant à l'épaule :

— L'heure des jeux est proche... Tameï doit rentrer son enfant, lui dit-il.

Elle le prit dans le hamac, et le présentant endormi à son père :

— Vacotah embrassera-t-il son fils? lui demanda-t-elle.

— Vacotah l'aime, c'est assez !... les baisers sont affaire de squaws...

— Tameï sait que Vacotah n'a point de faiblesses !... C'est un grand chef !...

Et sur ces mots, Tameï emporta son enfant dans l'intérieur du wigwam.

Dès qu'il fut seul, Vacotah, saisissant un cornet à bouquin suspendu à sa ceinture, en tira plusieurs appels éclatants. A ce signal attendu, les Indiens débouchèrent de toutes parts, en poussant de grands cris, et vinrent se ranger autour de leur chef. Alors celui-ci monta sur un tronc d'arbre, fit un signe qui commanda le silence, et s'adressant à la foule impatiente, il dit d'une voix forte :

— Guerriers Monos, le Grand Esprit vous protège !... Pendant cette nouvelle année, vos chasses ont été heureuses, vos squaws fécondes, et la hache de guerre est restée enterrée dans le sentier de la Paix !... Célébrez par vos jeux la gloire du Manitou de notre puissante tribu !

A peine avait-il terminé son allocution que les Indiens se dispersèrent de tous côtés, en hurlant de joie, pour aller chercher les emblèmes destinés à leurs réjouissances.

Un premier groupe revint bientôt, apportant un mannequin énorme, grossièrement peint de couleurs criardes, et représentant le mauvais Génie. Il fut placé au pied d'un boabab et attaché au tronc ; il devait servir à l'exercice du tomawak.

D'autres Indiens apparurent, traînant une peau de coyote empaillé qu'un jeune garçon, grimpant lestement au sommet d'un arbre élevé, fixa solidement aux dernières branches, comme cible pour les tireurs à l'arc et à la carabine.

Pendant ces apprêts, les squaws de la tribu,

ayant Tameï à leur tête, et portant des guir-
landes de rameaux et de fleurs, se disposaient à
commencer la cérémonie par des danses légères.

Vacotah levait le bras pour autoriser l'ouver-
ture des jeux, quand un sifflement particulier
se fit entendre tout à coup. Les Indiens s'arrê-
tèrent surpris, mais le chef leur dit en souriant :

— Vacotah connaît ce signal.... C'est un ami !

Et appelant un de ses guerriers, il lui donna
un ordre à voix basse. Celui-ci s'éloigna pour
revenir bientôt, escortant deux étrangers. On
l'a deviné, c'était Martial et le vieux trappeur.

Sur un signe de Vacotah, les Indiens s'étaient
retirés.

— Salut au grand chef des Monos, dit Patrick
en s'avançant vers Vacotah et en lui serrant la
main.

— Longue vie à mon frère, répondit l'Indien...
Vacotah peut-il le servir ?

— Oui... Que Vacotah protège ce jeune Européen !...

Et il désignait Martial qui était resté un peu
en arrière.

— Vacotah se protège lui-même !... L'homme
pâle est donc moins fort que Vacotah ?

— Oui, parce qu'il est seul ! fit Patrick.

Vacotah se tourna alors du côté de Martial et l'invitant à s'approcher :

— Qu'a-t-on fait à l'homme pâle ? lui demanda-t-il.

— On m'a enlevé ce que j'avais de plus précieux au monde, répondit Martial avec chaleur.

— L'homme pâle a donc perdu son cheval ou son mousquet ?

— Non, c'est sa femme qu'il pleure ! dit Patrick.

— Sa squaw ! fit Vacotah avec feu... Vacotah aurait déjà appendu dans son wigwam la chevelure du ravisseur..... Qu'attend l'homme pâle ?

— Que tu lui prêtes tes guerriers ! reprit Patrick avec assurance.

— Vacotah est un grand chef et n'aime pas les affaires de squaws... leur langue est fourchue, fit l'Indien avec dégoût.

— Si on t'enlevait Tameï, cependant ? ajouta Patrick, qui savait tout l'amour que Vacotah, sous une apparence sévère, portait à sa jeune femme.

— Vacotah saisirait son arc et ses flèches empoisonnées, répondit l'Indien avec une énergie farouche, et il marcherait dans les bois jusqu'à ce qu'il eût éventé la piste du traître, en suivant la trace de ses mocassins...

— Et alors, que ferait-il ? demanda Martial.

— Il le tuerait !... Que l'homme pâle agisse comme Vacotah !

— Mais son ennemi est puissant ! dit Patrick.

— La volonté aussi est puissante ! répondit le chef.

— Ainsi Vacotah me refuse quand je le prie ! poursuivit Patrick d'un ton blessé... A-t-il donc oublié que je pourrais commander ?

— Vacotah n'oublie ni le bien ni le mal, répliqua l'Indien avec dignité... Il sait que, dans la dernière guerre, la balle de mon frère lui sauva la vie en l'arrachant aux mains du chef ennemi, du cruel Grand Serpent, qui déjà faisait tournoyer son couteau autour de la tête du vaincu !...

— Alors, qui donc te retient ?

— Vacotah est juste, et l'ennemi de l'homme pâle n'est pas le sien, il ne le connaît pas !

— Plus d'espoir !... Infâme Torribio ! s'écria Martial qui ne put se contenir davantage.... Comment te châtier, à présent ?...

En entendant ce nom, Vacotah avait tres-

sailli. Il s'approcha de Martial et lui saisissant
la main :

— Quel nom a prononcé l'homme pâle ? lui
dit-il.

— Celui de Don Torribio, du monstre qui
m'a trahi ! répondit Martial avec douleur.

— Oui, ajouta Patrick, le riche propriétaire
du rancho de Calaveras, à trois milles d'ici....

— C'est bien !... Vacotah suivra l'homme pâle
avec deux cents guerriers !

— Ah ! merci, magnanime Indien, exclama
Martial dans l'excès de sa joie subite.

— Enfin !... Je te reconnais ! fit Patrick.

— Vacotah est juste, et l'ennemi de l'homme
pâle est à présent le sien !

— D'où vient ce changement, Vacotah ?

— Depuis un an, les troupeaux des guerriers
Monos diminuent... Les vaqueros du rancho de
Calaveras s'embusquent dans les hautes herbes
des prairies et jettent leurs lazos au cou de tous
les animaux qui passent, buffles ou chevaux...

— Ainsi Don Torribio s'enrichit aux dépens
de Vacotah ? dit Patrick.

— Patience !... Vacotah attendait que l'année
de paix fut finie... Au prochain soleil, il chaus-
sera ses mocassins de guerre pour punir les vo-
leurs !

— Ainsi donc, j'ai ta promesse, continua Patrick... Demain, tu armeras tes guerriers !

— Les paroles de Vacotah sont droites comme ses flèches !

Et se tournant vers Martial, l'Indien ajouta :

— Que l'homme pâle mette sa main dans la mienne, il est mon ami !... Et maintenant, que mon frère et mon ami attendent... Tameï va les servir :

Et faisant à ses hôtes un signe amical empreint d'une vraie majesté, Vacotah se retira lentement et rentra dans son wigwam.

Martial était sous le coup d'une indicible émotion. Il allait donc revoir son Estelle ! Mais ce n'avait pas été sans peine que le trappeur et lui avaient obtenu le secours du chef des Peaux-Rouges. C'est que Vacotah était une exception parmi la race indienne ; il n'était pas, comme ses voisins, pillard et buveur de sang. Chez lui, un esprit droit s'alliait à un instinct extraordinaire du sentiment du Juste et de l'Injuste, et il n'y avait pas à douter que s'il n'avait pas eu personnellement à se plaindre de Don Torribio et de ses vaqueros, Patrick le trappeur ne l'aurait que bien difficilement décidé à embrasser la cause de son protégé, malgré les obligations capitales que lui avait Vacotah. Que d'hommes, dits civilisés, seraient petits auprès d'un si beau caractère ! Aussi Patrick lui avait-il voué une amitié profonde.

Ces explications, que le trappeur venait de donner à Martial, lui arrachèrent ce cri du cœur :

— Ah ! mon cher et bon Patrick, que je vous aime !

En cet instant, Tameï, sortant du vigwam, s'avança vers les deux étrangers. Elle portait, sur une calebasse, divers fruits et tenait une sorte d'amphore à la main.

— Si les hôtes du grand chef des Monos ont faim, voilà des fruits... S'ils ont soif, voilà du mezcal, dit-elle en posant sur un escabeau les rafraîchissements qu'elle leur offrait.

Martial eut un mouvement d'hésitation et consulta de l'œil son compagnon.

— Refuser, ce serait blesser sa sauvage nature, lui dit Patrick... Mangez et buvez !

— Et vous, Patrick ? fit Martial, en prenant un fruit dans la calebasse.

— Merci, je n'ai besoin de rien....

— Quel corps de fer !

— Il le faut dans mon métier... Mais je vous laisse un instant, Martial... J'ai à me concerter avec Vacotah sur les mesures que nous prendrons demain...

Tameï, depuis son apparition, était restée immobile devant Martial, suivant des yeux tous ses mouvements. Elle semblait perdue en une naïve admiration et ses traits charmants reflétaient, sans qu'elle y prît aucunement garde, les curieuses sensations que la vue du jeune étranger lui faisait éprouver. Cette émotion, ces désirs inconscients, ce coup de soleil d'amour, Patrick avait tout deviné d'un rapide examen. Aussi crut-il devoir, en passant près de Martial, le prémunir contre un danger possible.

— Surtout, pas d'étourderies de jeune homme avec Tameï, lui dit-il à voix basse... Vacotah est jaloux de sa jolie squaw !

— Y pensez-vous, Patrick ? fit Martial avec étonnement... Dans l'état où est mon cœur !

— La chair est faible, Martial !... Prenez-y garde, et au revoir ?

Le trappeur n'avait que trop bien vu clair dans le cœur de Tameï et sa connaissance parfaite des mœurs primitives des Indiens ne le trompait pas.

A peine, en effet, eut-il disparu, que Tameï, incapable de se maîtriser davantage, s'approcha vivement de Martial et lui saisissant le bras :

— Homme pâle, tu est beau ! exclama-t-elle, en le dévorant des yeux.

Cette déclaration *ex abrupto* de la naïve sauvage causa un sentiment de pénible embarras à Martial, qui hésita à répondre. Que faire cependant ? Se retirer, fuir la brûlante Indienne ? Il ne le pouvait pas, puisqu'il devait attendre le retour de Patrick. Il se décida donc à parler.

— Tameï aussi est belle ! lui dit-il froidement.

— Tu trouves ? fit-elle, et son regard brillait d'un feu extraordinaire.

— Oui, et Vacotah, son époux, est un chef heureux.

— Aime Tameï et tu le seras aussi ! reprit-elle passionnément.

Et comme Martial, décontenancé, gardait le silence, elle entoura câlinement son cou de ses bras nus, et ses yeux dans les yeux du jeune homme ;

— Eh ! bien ?... Tameï attend que tu l'aimes ! fit-elle avec une voluptueuse langueur.

Martial devait à tout prix sortir d'une situation aussi épineuse. Il crut nécessaire de faire tomber les illusions de la jeune Indienne par un aveu loyal de son passé.

—Gracieuse et simple fille, lui dit-il avec douceur, je ne puis plus aimer !

— Pourquoi ?... Tu es jeune.

— J'ai donné mon cœur à une autre !...

— Tameï aussi, mais qu'est-ce que cela fait ?..
Réponds à Tameï....

— Je n'ai rien à te répondre.... J'ai juré fidélité !

— Fidélité !... Explique moi ce mot des Faces
Pâles....

— Il veut dire qu'on n'aime qu'une fois !

— Mais quand une femme plaît mieux que la
première !...

— On ferme les yeux ! Voilà où est la fidélité !

— Je ne comprends pas, fit-elle avec une adorable moue.... Moi, homme pâle, je t'aime et
je veux que tu sois à Tameï ?... Laisse moi embrasser tes lèvres....

Et comme elle cherchait à attirer vers elle la
tête de Martial, il la repoussa en disant :

— Tais toi, pauvre fille... Si le puissant Vacotah te voyait !...

— Tameï lui dirait qu'elle aime l'homme pâle !

— Il nous massacrerait tous les deux !...

— Qu'importe !... Tameï mourrait avec toi !...
Voïs, Tameï t'implore.... Un baiser ?...

— Non, c'est impossible, dit Martial en se
rejetant brusquement en arrière.

— Ah ! Tameï est bien malheureuse ! fit-elle avec un véritable désespoir.

Puis, se redressant comme mûe par une inspiration soudaine, et sans que Martial s'en aperçut, elle courut vers un arbre voisin pour en détacher un fruit, et revenant alors vers le jeune homme, elle reprit d'un ton tranquille :

— Tu es fâché ?

— Non, mais ne recommence pas...

— Taméï sera soumise... Prouve lui donc que tu ne lui en veux pas et vide cette coupe en signe d'oubli !

Et elle lui présentait un breuvage dans lequel elle avait exprimé rapidement quelques gouttes du fruit qu'elle avait cueilli.

— Volontiers, répondit Martial.

Et il but. Mais bientôt, les premières atteintes d'un sommeil invincible l'envahirent, ses paupières ne pouvaient plus se soulever, un anéantissement inconnu étreignait tout son corps.

— Qu'est-ce que j'éprouve donc ? fit-il... Une torpeur... Comme un voile sur les yeux !... La fatigue, sans doute..

Et il se traîna vers une grosse pierre moussue qui était auprès du wigwam et sur laquelle il se laissa lourdement tomber.

—Bien, il s’endort ! fit Tameï qui l’épiait avec une ardente anxiété.

— C’est.... plus.... fort que.... moi ! soupira Martial....... Estelle !... mon Estelle !... à demain !...

— Et aujourd’hui pour moi ! exclama Tameï avec ivresse, en voyant Martial profondément endormi... Homme pâle, Tameï te donne son cœur et consacre son hymen avec toi par ce baiser d’amour !

Et se penchant sur Martial, elle l’embrassa avec délire.

Vacotah parut soudain sur le seuil du wigwam. A la vue de la trahison de Tameï, il saisit son tomawak et il allait se précipiter sur Martial pour lui broyer le crâne. Mais son bras s’abaissa aussi vite qu’il s’était levé et l’Indien jeta son arme loin de lui. Se tournant alors vers Tameï, qui demeurait glacée de terreur, il lui dit :

— Vacotah a touché la main de l’homme pâle, il est sacré pour lui !.. Mais Tameï a menti à sa foi, elle a laissé entrer la douleur dans le wigwam de son époux !.. Qu’elle se retire et qu’elle attende mes ordres !

Tameï, courbée sous le regard terrible de Vacotah, passa devant lui et disparut dans le wigwam.

Mais le narcotique que l'Indienne avait versé à Martial ne produisait qu'une léthargie passagère, et il commençait à donner les signes d'un prochain réveil. Vacotah, qui avait tout compris, le regardait avec compassion. Enfin. Martial reprit peu à peu ses sens et promenant autour de lui ses yeux encore chargés d'une brume légère, il aperçut le chef Indien.

— Que s'est-il donc passé ? lui demanda-t-il... Cet engourdissement subit...

— Ce n'est rien !... Le soleil est brûlant et le sommeil facile !... Mais Vacotah veille sur le repos de son ami...

— Ah ! combien l'hospitalité de Vacotah est généreuse ! fit Martial.

— Il l'a promis !... Mais il est temps que la fête commence...

Et aux sons retentissants de son bouquin qu'il venait d'emboucher, tous les Indiens furent bientôt rassemblés de nouveau autour de leur chef. Patrick les suivait.

— Guerriers Monos, reprenez vos jeux pour terminer l'année de paix !... Demain la hache de guerre sera solennellement déterrée !... Que les carabines soient chargées à l'aurore et les carquois remplis des traits les plus meurtriers !... Vacotah a dit !...

Pendant que les Indiens, avec des cris de joie terrifiants, se livraient de toutes parts aux amusements de ce grand jour, Martial, escorté de Patrick, se mêlait aux différents groupes pour jouir d'un spectacle si nouveau pour lui.

— Ces Peaux-Rouges sont vraiment fort adroits !... Voyez, Patrick...

— Oui, ils excellent à lancer le casse-tête et sont presque tous d'une habileté si surprenante dans le tir de l'arc qu'ils atteindraient de leur flèche une pièce d'un demi-dollar... Regardez cette peau de coyote, elle est déjà percée d'une vingtaine de traits, et tous à la place du cœur !...

— En effet, c'est prodigieux !... Mais l'usage de la carabine leur paraît aussi familier, fit Martial.

— Oh! pour cela, ils ne sont encore que des écoliers !... Depuis que les Indiens se sont procurés des armes à feu en pillant de temps en temps quelque village mexicain, ils ont fait peu de progrès dans l'art de bien envoyer une balle...

— Cet art où vous êtes passé maître, vous, Patrick !...

— Que voulez-vous ?... A force de causer avec mon vieux compagnon, j'ai appris tous ses secrets ! dit Patrick en tapant sur son rifle.

Après avoir parcouru les diverses parties du campement pour surveiller la fête, Vacotah était revenu auprès du trappeur, et lui frappant familièrement sur l'épaule :

— Mon frère ne se mêlera-t-il pas aux jeux de mes guerriers ? lui demanda-t-il.

— La poudre est rare, Vacotah !

— Et le but trop facile pour mon frère !... Vacotah comprend !...

— Il est vrai que je le toucherais les yeux fermés...

— Que mon frère regarde alors au-dessus de sa tête... Il verra planer un gabilan aux ailes immenses !...

— Sa chair ne vaut rien !... C'est une charge perdue !...

— Bah ! pour une fois ! intervint Martial... Tirez, mon bon Patrick, je vous en prie !

— Mes guerriers attendent le triomphe de mon frère ! ajouta Vacotah.

— Allons, soit ! fit Patrick en ajustant l'oiseau et en lâchant la détente.

— Il n'a pas été touché, c'était trop haut ! dit Martial avec regret.

— Enfant !.. Donnez lui alors le temps de descendre ! répondit Patrick qui s'était tranquillement appuyé sur son rifle.

Il n'avait pas achevé ces mots, que le gabilan tombait aux pieds de Martial. Il le ramassa et l'examinant avec surprise :

— Juste en plein corps ! C'est merveilleux !...

— La balle de mon frère est mortelle comme la foudre du Grand Esprit !... Gloire au trappeur ! dit Vacotah en pressant la main du vieux Patrick, qu'entourèrent aussitôt les Indiens enthousiasmés en criant : Vaa-Taï ! Vaa-Taï !..

Nous laisserons la tribu des Monos poursuivre ses jeux et préparer l'expédition qui devait avoir lieu le lendemain, pour conduire le lecteur au rancho de Calaveras, où vont se dérouler plusieurs épisodes de ce drame authentique.

§ 5. LE RANCHO DE CALAVERAS

On n'a pas oublié l'entretien mystérieux, auquel Patrick le trappeur avait adroitement assisté, entre Don Torribio et son intendant Clarès, dans la salle de la Polka.

Le plan concerté entre ces deux odieux personnages avait été ponctuellement exécuté. Pendant que Martial remplissait sa pénible tâche dans ce spendide établissement, Clarès, aidé de quelques chenapans qu'il avait chèrement payés, s'était introduit dans la chambre d'Estelle et s'était emparé de la malheureuse femme, non sans avoir eu à soutenir de sa part une courageuse résistance. On l'avait baillonnée et conduite, complètement inerte, à bord de la petite goëlette qui devait la porter à Benicia, à l'embouchure du San-Joaquin, dans une des nombreuses habitations de Don Torribio. Là, Clarès avait accordé à sa captive quelques heures de répit; puis le soir on avait attaché Estelle sur la haute selle d'une mule, et la troupe de ces bandits s'était lancée à toute vitesse dans les chemins difficiles qui aboutissaient au rancho de Calaveras, terme de leur course.

Estelle y était arrivée anéantie, brisée. Clarès l'avait remise aux mains de sa femme Virgen, avec ordre de la désormais traiter avec les plus grands égards.

Virgen avait donc installé Estelle dans là partie la plus riante du rancho, et au moment où nous reprenons ce récit, la pauvre épouse de Martial était tristement assise dans une salle élégante, revêtue, aux murs et sur le plancher, de nattes fines et reluisantes en fibres d'aloès. Par les croisées ouvertes, et donnant sous l'auvent d'une large vérandah, on apercevait des arbres à la végétation luxuriante. L'ameublement, tout en bambou et en rotin, ne laissait rien à désirer sous le rapport du confortable. Une brillante panoplie des armes les plus diverses était accrochée à la paroi qui faisait face aux fenêtres et à la porte.

Virgen venait d'entrer, et remarquant que la prostration, où cette succession d'événements rapides et douloureux avaient plongé Estelle, ne cessait pas, elle s'approcha de la jeune femme.

— Voyons, Señora, un peu de courage ! lui dit-elle, en donnant à sa voix un accent de réelle commisération.

— Il m'abandonne !... Ah ! que la mort me serait douce ! fit Estelle avec angoisse.

— Vous appelez la mort !..... Et l'espoir, Señora ?

— En est-il aujourd'hui pour moi ?

— On en a jusqu'au dernier soupir !

— Hélas ! le mien s'approche !

— Non, vous êtes jeune et bien des jours vous appartiennent encore !

— Sans mon époux, la vie ne m'est plus possible !

— Dieu vous le rendra, Señora !

— Qu'il vous entende, Virgen ! fit Estelle avec abattement..... Mais comment Martial pourra-t-il jamais retrouver ma trace ?... Il est si loin de se douter d'où part l'horrible coup qui nous atteint tous les deux... Ah ! croyez aux amis !

— Quoiqu'au service de Don Torribio, je ne puis, dans ma conscience, m'empêcher de flétrir sa déloyale conduite, et je vous plains, Señora !

— Bonne Virgen ! Mais d'où vient l'intérêt que vous semblez me porter ?

— C'est que je suis femme aussi, Señora, et je compâtis aux douleurs morales...

— Avez-vous donc vous-même souffert ? interrogea Estelle avec douceur.

— N'est-on pas sur la terre pour cela, Señora ! J'aimais un jeune et beau cavalier de Mexico, comme moi sans fortune, lorsque mes parents me forcèrent à épouser le brutal Antonio Clarès, parce qu'il possédait quelques centaines d'onces et était le gérant des ranchos de Don Torribio... Celui qui avait mon cœur est mort de désespoir !

— Votre sympathie ne m'étonne plus, Virgen ! fit Estelle en lui pressant la main.

— Dieu a dit : Aimez-vous les uns les autres; et je vous aime, Señora !

— Merci, Virgen, moi aussi je vous aime !... C'est la franc-maçonnerie des âmes !

Une porte s'ouvrit et Clarès parut sur le seuil.
A la vue de sa femme, dont Estelle tenait encore
la main, il ne put réprimer un vif mouvement
de contrariété, et s'avançant vers elle, il lui dit
brusquement :

— Qu'est-ce que tu fais là ?

— Je prends les ordres de la Señora, répondit Virgen.

— Dis plutôt que tu l'encourages encore à la
résistance...

— Et quand cela serait? fit-elle avec hauteur..
Je ne ferais que mon devoir !

— Maudite fille du diable ! éclata Clarès d'un
air terrible.... Je règlerai ton compte tout à
l'heure...

— Je vous méprise encore plus que vos me-
naces, Antonio Clarès, mon époux ! répliqua
Virgen avec calme et regardant en face le Mexicain.

Estelle assistait, muette de stupeur, à cette
scène pénible. Elle crut devoir cependant y intervenir et défendre Virgen.

— Voyons, seigneur Clarès, un peu de pitié
pour cette bonne Virgen !.. C'est un trésor que
vous méconnaissez....

— Je sais ce que j'ai à faire, Señora! répondit
Clarès d'un ton farouche... Virgen est ici pour

vous servir et non pour vous affermir dans vos préventions contre Don Torribio, un si galant Caballero !

— Digne maître d'un tel valet ! fit Virgen avec dégoût.

— Sors, langue de vipère, vociféra Clarès incapable de se contenir davantage.... Sors, ou malgré la présence de la Señora, je vais...

Et il levait son poing formidable au-dessus de la tête de sa femme.

— Ne l'irritez pas, Virgen ! dit Estelle en s'interposant.... Allez-vous en, je vous rappellerai plus tard...

— Voilà ma vie, Señora !...Jugez si je comprends les peines des autres !

Et passant fière et méprisante devant son mari, Virgen sortit de la salle.

—Vous êtes cruel, Antonio Clarès ! fit Estelle.

— Assez sur Virgen, Señora, ce sont mes affaires ! Parlons de vous...

— De moi ?... Et qu'avez-vous à me dire ?

— Ceci... Don Torribio, mon illustre maître, retenu à San-Francisco pour un marché de trois mille têtes de bétail, revient aujourd'hui même.. Je l'attends !

— Eh ! bien ? interrogea Estelle avec anxiété.

— J'espère, Señora, que vous lui rendrez un compte fidèle des bons soins que j'ai eus pour vous...

— Comment donc ! fit Estelle avec ironie..... Vous ne m'avez pas plus quittée que mon ombre... le jour, sans cesse à mes côtés... la nuit, couché en travers de ma porte... Ah ! je vous dois bien de la reconnaissance !

— Les oiseaux comme vous sont rares, Señora, et quand on les tient, il faut soigneusement veiller sur leur cage, répondit cyniquement Clarès.

— Oh ! je vous rends justice !

— C'est que je répondais de vous sur ma tête, Señora !

— Je ne croyais pas valoir si cher !

— Allons, je vois que la Señora me prise à ma valeur... Maintenant, je me retire pour laisser la Señora se préparer à son entrevue prochaine avec Don Torribio, mon noble maître !

Et saluant Estelle avec un respect affecté, Clarès s'éloigna lentement.

Estelle resta seule en proie à la plus cruelle inquiétude.

Si nous faisions du théâtre, il nous serait bien facile de traduire les pensées intérieures qui vinrent alors l'assiéger et la remplir de terreur. On ne se tromperait assurément pas en formulant à peu près ainsi cet intime monologue :

. — Perfide Clarès, misérable instrument d'une puissance infâme !... Il va venir, ce Don Torribio, ce lâche ennemi de mon bonheur !... Et je ne puis me soustraire à son horrible présence !.. Mon Dieu ! si au fond de mon cœur une voix secrète ne me disait que mon cher Martial n'est pas perdu pour toujours, je vous supplierais de me foudroyer avant l'heure fatale qui va sonner !... Martial, où es-tu ?... Quel a été ton désespoir, pauvre cher époux, en retrouvant vide et abondonné l'humble logis où le matin tu avais embrassé ton Estelle !... Mais tu me connais, tu sais que la violence seule a pu avoir raison de ma faiblesse !... Tu pleures, mais tu m'estimes et tu m'aimes toujours, car c'est Don Torribio, l'homme que tu nommais ton ami, qui nous a séparés, c'est lui qui m'a fait arracher de tes bras !... Oh ! Martial, entends les sanglots de ton épouse désolée, et viens la venger ou mourir avec elle !...

Ecrasée par l'horreur de sa situation, Estelle se dressa dans un spasme d'angoisse.

— Personne ne viendra donc à mon secours ? cria-t-elle.

Une porte secrète s'ouvrit sans bruit et Don Torribio parut devant l'infortunée.

Il venait d'arriver à l'instant même au rancho, et à son costume de voyage, qu'il n'avait pas pris le temps de changer, on pouvait juger de son impatience de voir Estelle. Il portait, aux jambes, des *armes-d'eau* en cuir fauve, capricieusement soutachées ; un zarape bariolé couvrait ses épaules et il était coiffé d'un large sombrero en poil de vigogne, de nuance cannelle, entouré d'une ganse d'or aux glands pendants par derrière. Quoique cet habillement ne manquât pas de tournure, Don Torribio se serait vêtu plus élégamment s'il n'avait pas été aussi pressé de se rendre près d'Estelle pour connaitre l'accueil qu'elle lui ferait.

Il avait entendu l'imprécation qu'elle avait proférée au moment où il entrait. Il voulut, dès les premiers mots, lui enlever toute espérance.

— Il y a quatre-vingt lieues d'ici à San-Francisco, madame !... La voix humaine n'y porte pas ! lui dit-il sèchement.

— Le Ciel est plus loin et Dieu m'entend, lui !

— Libre à vous de le croire !... Nous verrons ce qu'il fera pour votre cause !

— Vous deviez être lâche, vous êtes impie ?

— Comme vous l'entendrez !... Mais parlons de choses plus sérieuses, fit Don Torribio en prenant un air plus aimable... Est-ce ainsi que vous deviez me recevoir, Estelle, après une aussi longue absence ?... Huit mois sont écoulés depuis ma dernière visite rue d'Assas... Vous vous en souvenez ?...

— Osez-vous bien me rappeler votre conduite passée ? dit Estelle, à qui le rouge de l'indignation montait aux joues.

— Certes, madame, car elle justifie ma conduite présente !...

— Elle justifie !... Oh !... quelle impudence !

— Dans cette dernière visite, je donnai à Martial le conseil de venir en Californie... Je savais que son esprit mobile saisirait avidement cette espérance illusoire de rétablir ses affaires... Mes calculs furent dès lors arrêtés...

— Oh ! vous êtes un profond diplomate, Don Torribio !

— Jugez-en, continua-t-il... Une fois tous deux sur ce sol étranger, il devait m'être facile, à moi qui suis riche et qui ai l'énorme avantage de marcher sur un terrain qui m'est connu, de mettre entre Martial et vous une distance infranchissable pour lui, ignorant des lieux comme il l'est, et sans ressources matérielles...

—. Dieu y pourvoira !

— Je le lui souhaite... En attendant, vous
voyez, madame, que je n'ai pas trop mal réussi !...
Vous êtes chez moi, seule, sans secours possible, à ma merci, en un mot !... J'espère donc
que vous comprendrez votre situation et que,
par de nouveaux refus, vous ne pousserez pas à
bout un cœur qui se contient encore !...

— Je suis ici ce que j'étais à Paris, l'épouse
de Martial Hubert, ne l'oubliez pas ! fit Estelle
avec une imposante dignité.

— Vous êtes ici, Estelle, continua Don Torribio en s'animant, une femme jeune et belle, face
à face avec un homme ardemment épris, implacable dans ses sentiments bons ou mauvais, et
qu'il serait dangereux autant qu'inutile d'irriter
davantage !... Cessez donc d'élever une barrière
entre mes désirs et vos charmes, car je ne répondrais plus de moi !...

— Quoi ! Auriez vous recours à la force bru-
tale ? fit-elle avec effroi.

— Peut-être ! Vous voyez que je garde jusqu'ici, vis-à-vis de vous, une teinte de ce vernis
de bon ton que le séjour de Paris a étendu sur
la rudesse de mes formes natives... Mais songez
que je suis Mexicain et que le pâle soleil de
votre France n'a pu refroidir le sang qui bout

dans mes veines!... Je vous laisse et dans quelques instants, je me représenterai devant vous dans un costume plus digne des doux plaisirs que votre raison me ménage, je l'espère !

Et s'inclinant courtoisement devant Estelle, Don Torribio disparut par la même porte secrète qui lui avait donné accès.

— C'en est donc fait, mon Dieu ! s'écria Estelle, dans une explosion de douleur... Quelle arme me reste-t-il pour la lutte ?... Mes larmes et mes supplications...

— Et l'aide de la Providence, Señora ! dit Virgen qui venait d'entrer.

— Ah ! qu'elle me pardonne ce blasphême, mais je commence à douter !

— Croyez-moi, Señora, Dieu frappera un coup qui révèlera sa puissance !...

— Merci, Virgen, de vos bonnes paroles, elles me rendent un peu de mon courage brisé !

— Je ne sais quel pressentiment m'agite, Señora, mais je répondrais sur mon salut que l'heure de la délivrance est proche !

— Attendons et croyons alors, Virgen !

Don Torribio ne tarda pas à reparaître, mais cette fois par la porte d'honneur. Sa transformation était complète, et il eut été difficile de rencontrer, même dans les plus riches salons de Mexico, un cavalier aussi accompli. Il portait des calzoneros grenats bordés de tresses dorées et une veste pareille sur un chaleco de satin blanc broché ; une ceinture de soie rouge à glands d'or, et dans laquelle était glissé un élégant poignard, entourait sa taille bien cambrée ; sur sa chemise, en toile de fibres d'ananas et au large col rabattu, se jouaient les pointes d'une petite cravate multicolore passée dans un anneau de diamant ; ses jambes se moulaient dans des bas de soie blanche et sur ses escarpins flottaient de gros nœuds de rubans également grenats, comme le velours des vêtements.

En apercevant Virgen, Don Torribio lui fit un signe impérieux. Elle se retira docilement, mais en passant près d'Estelle, elle lui dit rapidement et à voix basse :

— Soyez forte jusqu'au bout !

Don Torribio s'approcha galamment d'Estelle.

— Vous le voyez, Madame, ma tenue est à la hauteur du précieux tête à tête que vous daignez m'accorder...

Et comme Estelle restait impassible :

— Ne tournerez-vous pas vers moi, continua

t-il, ces beaux yeux dont l'éclat a brûlé mon pauvre cœur ?...

— N'ajoutez pas, Monsieur, répondit enfin Estelle, l'ironique insulte aux outrages dont vous me rendez victime !

— Pouvez-vous nommer ainsi les manifestations de l'amour le plus tendre ?... La victime ici, c'est moi, Estelle !

— Vous vous faites humble pour mieux me déchirer, n'est-ce pas ?...

— Dites pour mieux vous adorer !... Quittez, croyez-moi, cet air farouche qui gâte les attraits de votre visage et rendez à votre voix ces inflexions gracieuses qui vous vont si bien ....

Don Torribio se rapprocha.

— Voyons, belle Estelle, reprit-il avec feu, renaissez à l'amour !... Tout vous y invite, le climat, la solitude, et cette pitié secrète que toutes les femmes éprouvent pour une passion profonde comme la mienne !...

- Et il essaya d'entourer sa taille de ses robustes bras. Mais elle esquiva vivement son étreinte et se recula loin de lui, en lui jetant à la face ces mots d'une voix qui ne tremblait plus :

— Arrière, lâche !

Don Torribio devint livide, ses yeux s'injectèrent de sang, tout son être tressaillit de luxure.

— Demonio ! hurla-t-il... C'est assez jouer le rôle de soupirant. ... Tu vas me céder, intraitable beauté !

Et la saisissant brusquement, Don Torribio l'enlaça de ses bras musculeux. Mais par un suprême effort elle parvint à se dégager, et courant à la panoplie, elle en détacha rapidement une petite hache, et se mit en garde en lui criant, avec une énergie virile :

— On se défend contre les bêtes fauves... Je vous attends ?

Don Torribio fut un instant surpris de la martiale attitude d'Estelle, puis se mettant à rire :

— Cette légère *machete* n'est guère redoutable dans vos mains... Voyez !...

Et avant qu'Estelle eut pu s'en rendre compte, elle se trouva désarmée.

Alors il se précipita en rugissant sur elle, l'embrassant avec fureur.

— Oh ! tu m'appartiendras, énivrante Estelle !... Point de pitié pour ta faiblesse... Viens...

Mais au moment où, à bout de forces et ne pouvant plus lutter, Estelle allait être entraînée vers la chambre voisine, Clarès entra précipitamment, tout effaré, en criant :

— Señor !... Señor !...

— Eh ! bien, que veux-tu, bête maladroite ?
grinça Don Torribio, en lâchant Estelle qui
alla tomber sur un siège, à moitié inanimée.

— Un danger s'avance, Señor !

— Je n'ai pas le temps d'écouter tes sottes
frayeurs !...

— Mais Jose, l'arriero, vient d'arriver de
Colombia...

— Eh ! bien, après ?

— Il a aperçu, dans le chemin qui conduit à
ce rancho, une troupe nombreuse de Peaux-
Rouges armés en guerre....

— Qu'est-ce que cela me fait, poltron ?

— Mais, Señor, Jose a reconnu les Indiens
Monos, dont vos vaqueros ont souvent, par vos
ordres, ravagé les troupeaux...

— Caramba ! c'est plus grave et il faut se
mettre en défense, à tout hasard... Tous les
vaqueros sont-ils au rancho ?

— Tous, sauf deux, Señor !

— Fais sonner de la trompe pour qu'ils ren-
trent, s'ils en ont le temps, et distribue des
armes à ceux qui sont dans le choral... Alerte,
et aux palissades !

— Fiez-vous-en à moi, Señor !

Une fois ses ordres donnés et Clarès parti,

Don Torribio se retourna vivement du côté d'Estelle, et dardant sur la malheureuse femme des yeux chargés de convoitise et de haine :

— Ce n'est que partie remise, Madame !... Le temps de corriger ces Indiens de leur outre-cuidance, et vous me reverrez !...

— Si le ciel est juste, il ne le permettra pas! fit Estelle d'une voix éteinte.

— Adressez-lui donc vos prières, nous verrons comment il les exaucera !

— C'est ce que je fais !

— A votre aise !... Et pour que vous ne soyez pas dérangée, je vais vous faire une retraite tranquille...

Et il alla fermer les croisées et la porte de la vérandah. Puis, d'un rire sardonique:

— Allons, madame, commencez vos *oremus!* lui dit-il.

Il fut tout à coup interrompu par des cris formidables, suivis de plusieurs détonations de mousquet.

— Ce sont eux !... Maudits Peaux-Rouges, tremblez !... Don Torribio va vous guérir de l'envie de s'attaquer à lui !

Et détachant rapidement de la panoplie une énorme hache de combat, il s'élança au dehors.

A peine avait-il disparu, que la porte secrète

s'ouvrit et Virgen, se précipitant vers Estelle, la saisit par la main en lui disant d'une voix brève :

— Venez, Señora... Suivez-moi !

Don Torribio s'était rendu en toute hâte au milieu de ses vaqueros qui, retranchés derrière les palissades du choral, formées de forts troncs d'arbres superposés horizontalement et dont les interstices étaient remplis de pierres solidement cimentées, ripostaient de leur mieux à la rude attaque des Indiens. Leurs pertes étaient cependant déjà sensibles, malgré toutes les précautions qu'ils prenaient pour se cacher autant que possible en faisant feu par-dessus le rempart, et une certaine hésitation commençait à se manifester dans leur attitude.

Don Torribio remarqua promptement ce symptôme de mauvais augure.

— Courage, amigos, leur cria-t-il, nous aurons raison de cette poignée de vermine !

— Ils tirent bien, Señor !... Déjà Pacheco, Perez et Diaz sont morts, dit Clarès en montrant leurs cadavres... Et tous les trois frappés au front !

— Tu m'étonnes, ces Peaux-Rouges manient mal la carabine...

— Tenez, Señor, voici encore Moralès qui tombe, reprit Clarès... Regardez !

— Qu'est-ce que cela signifie ? fit Don Torribio inquiet... Il faut que je m'assure moi-même...

Mais, au moment où, debout derrière la palissade, il avançait doucement la tête pour voir de l'autre côté, une balle vint en sifflant lui enlever son sombrero. Il avait pu cependant, d'un coup d'œil rapide, embrasser l'espace environnant, et Clarès le vit pâlir.

— Qu'y a-t-il donc, Señor ? lui demanda-t-il.

— Tout s'explique à présent, un trappeur est avec eux !... Mais que lui ai-je fait ?... Quel mystère ?... Ah ! je veux examiner encore...

Et avec plus de prudence que la première fois, Don Torribio parvint à regarder de nouveau par dessus le rempart. Le spectacle qui s'offrit à sa vue le remplit de fureur, et sautant à terre :

— Demonio !... Martial est là, lui aussi !... Ah ! je comprends tout !... Enfer ! il ne la reverra pas !

Il courut, hors de lui, vers l'intérieur du rancho. Sa rage était montée à un tel paroxisme que s'il eut trouvé Estelle, il l'eut infailliblement assassinée. Mais Virgen l'avait bien cachée et Don Torribio parcourut vainement, avec d'horribles blasphèmes, toutes les pièces de l'habitation sans rencontrer la victime qu'il voulait immoler.

Pendant que Don Torribio, haletant et farouche, s'épuisait en recherches inutiles, le combat avait décidément pris une mauvaise tournure pour les vaqueros, car les Indiens commençaient à escalader le parapet et déjà on se battait corps à corps dans le choral. Bientôt, accablés par le nombre, les vaqueros cédèrent le terrain.

C'est à ce moment que Martial et Patrick apparurent sur le faîte de la palissade. D'un bond, Martial fut sur le sol.

— Estelle !... Estelle... me voilà ! s'écria-t-il en courant vers l'entrée du rancho.

— Pas encore ! vociféra Don Torribio, en se dressant devant lui.

Et il allait porter à Martial un coup de sa terrible hache, lorsque du milieu des branches d'un chêne qui croissait en dedans et près du rempart, Vacotah tomba entre les deux adversaires, pareil au *Deus ex machinâ*.

— Vacotah veille ! fit-il avec calme... Que mon ami cherche en paix sa jeune squaw...

A ces mots Martial s'élança vers l'habitation, laissant aux prises les deux chefs ennemis.

— A nous deux alors, sale Peau-Rouge !

hurla Don Torribio en se ruant sur Vacotah.

Mais celui-ci, avec l'agilité d'une panthère, fit un saut de recul et la hache du Mexicain ne frappa que le vide.

— Vacotah est heureux ! s'écria l'Indien en faisant tournoyer son tomawak... Il va tuer l'homme qui vole les squaws et les troupeaux !

— Tu ne me tiens pas encore, vil pillard !

Et Don Torribio se remit en défense.

Pendant que le combat se continuait, avec des alternatives de pour et de contre, entre les deux champions, Martial, guidé par Virgen, avait facilement retrouvé Estelle, et la prenant, inerte, dans ses bras, il était accouru vers Patrick pour la mettre sous sa garde.

— Sauvée, Patrick ! Elle est sauvée !... Veillez sur elle, mon vieil ami ! fit-il en la déposant sur un banc à la porte du rancho... Que je punisse maintenant son infâme ravisseur !...

— C'est inutile, Martial !... Vacotah s'est chargé de votre justice, et Don Torribio paraît en ce moment devant celle de Dieu !...Regardez...

Martial se retourna vivement et vit Don Torribio tomber lourdement à terre, le crâne fracassé par le tomawak de Vacotah. Son dernier souffle s'exhala dans une suprême imprécation.

— Clarès, venge moi ! murmura-t-il.

13.

Et il expira.

Vacotah se pencha alors sur le cadavre du Mexicain, et lui enlevant, avec une dextérité affreuse, son abondante chevelure, il la suspendit fièrement à sa ceinture de cuir.

— Ah ! qu'a-t-il fait ? s'écria Martial avec horreur.

— Il l'a scalpé ! répondit Patrick... Sans cela, sa victoire ne compterait pas !

Cependant Estelle se remettait insensiblement de l'effroyable émotion où l'avaient plongée les péripéties du combat qui se livrait si près d'elle et pour elle. Bientôt, elle reprit plus complètement ses sens, et ouvrant ses yeux, encore obscurcis par les larmes :

— Martial!... Oui, c'est lui!... Je l'ai vu!... Où suis-je ! fit-elle doucement.

— Dans mes bras !

Et Martial la serrait frénétiquement sur son cœur.

— Ma prédiction s'est accomplie, Señora ! dit Virgen en s'avançant timidement.

Estelle se jeta à son cou et l'embrassa avec effusion.

— Le Grand Esprit a protégé la jeune squaw de mon ami ! fit Vacotah d'un air radieux.

— Et un peu aussi ce Grand Esprit là, je

pense ! ajouta Patrick en faisant résonner la lourde crosse de son rifle.

Clarès avait accepté le legs *in extremis* de son maître, et l'on verra plus loin comment il essaya de l'acquitter.

§ 6. LE WIGWAM DE VACOTAH

Après la prise du rancho de Calaveras, les Indiens se livrèrent à un pillage effréné, et en se retirant, l'incendièrent.

Vacotah, à la tête de ses guerriers triomphants, regagna le campement de la tribu, situé à une courte distance, suivi par les deux Français, par Patrick et par Virgen qui, redoutant la vengeance de son mari, l'abject Clarès, avait supplié Estelle de l'emmener avec elle.

Dès qu'on fut arrivé et qu'Estelle se sentit désormais en sûreté, elle succomba aux émotions et aux fatigues qu'elle avait supportées, et s'endormit profondément sur la couche recouverte de peaux de bêtes sauvages qui garnissait un coin du wigwam de Vacotah.

Cette espèce de Buen-retiro formait la partie la plus reculée du vaste emplacement que recouvrait la tente du chef et en était séparée par une épaisse natte en fibres de latanier ; c'était le réduit intime de Vacotah et de Tameï. La partie antérieure, celle qu'on trouvait en entrant dans le wigwam, constituait la salle de réception et de conseil. Des arcs, des carquois pleins, des casse-têtes, des carabines étaient appendus aux parois. Des filets séchés étaient accrochés à des cornes de bouquetin. Près de la porte, qui servait d'échappement à la fumée, on voyait un âtre allumé, surmonté d'un haut triangle formé de trois fortes tiges de bois de fer, et au sommet duquel on suspendait les quartiers de venaison. Une table massive, des sièges grossiers taillés dans de puissantes racines d'arbres, des ustensiles divers de ménage, complétaient l'ameublement, sinon le décor, de la demeure dans laquelle Vacotah avait offert l'hospitalité à ses hôtes.

Le lendemain matin, Martial, Patrick et Vacotah partirent pour la chasse.

Restée seule, Tameï était assise auprès d'Estelle, toujours endormie, et la contemplait ardemment. Les pensées les plus étranges l'assaillaient. C'était donc là cette femme pâle qui possédait exclusivement le cœur de l'Européen qui l'avait repoussée, elle, Tameï, l'épouse du grand chef des Indiens Monos !.. Quel affront ! Et ne méritait-il pas une vengeance ? Mais Vacotah avait étendu sa protection sur ces étrangers et son courroux était redoutable !

Estelle était agitée par un rêve heureux et ses traits exprimaient un bonheur ineffable. La vue de tant de charmes exaspéra enfin Tameï qui, malgré elle, dans un transport d'envie, ne put s'empêcher de s'écrier :

— Qu'elle est belle !... Oh ! Tameï est jalouse !

Estelle prononçait des mots inintelligibles. Mais bientôt le songe qui la ravissait, prenant devant ses yeux clos une forme plus accentuée, ses paroles se firent plus claires.

— Cher Martial... Tu m'est rendu ! disait-elle.

Tameï tressaillit.

— C'est le nom de l'homme pâle !. Elle pense à lui ! fit-elle, en se penchant anxieusement sur le visage d'Estelle.

— Je suis toujours digne de ton amour ! murmura celle-ci faiblement.

— Cet amour, Tameï le veut pour elle, Tameï l'aura ! fit-elle en s'animant tout à coup.

— Je t'aime ! souffla Estelle.

Cet aveu fit perdre à l'Indienne le peu de sang-froid qui lui restait. Elle bondit comme un faon blessé, le sein palpitant, la figure empourprée par la colère et le désir.

— Ah ! tu l'aimes ! s'écria-t-elle avec un sauvage accent... Mais Tameï aussi l'aime et Tameï serait aimée si l'homme pâle perdait sa squaw ! Quand Vacotah rencontre un obstacle sur son chemin, que fait-il ? Il l'écrase ! Ainsi va faire Tameï !

Et folle de haine, égarée par la passion, insensible au remords, elle courut à un coffret de bois d'ébène, et en tirant une fiole pleine d'un liquide rougeâtre :

— Là, fit-elle avec une joie meurtrière, là est renfermé le suc de la *Hyedra*, dans lequel nos guerriers empoisonnent leurs flèches de guerre... Il va servir l'amour de Tameï !

Et emplissant rapidement d'un peu d'eau une coupe en bois qui se trouvait à sa portée, elle y versa quelques gouttes de la mortelle liqueur, puis s'approcha d'Estelle au moment où, poursuivant son doux rêve, elle susurrait :

— Presse moi sur ton cœur, cher Martial !

— C'est Tameï que l'homme pâle serrera demain dans ses bras !

Et elle allait infiltrer tout doucement le fatal breuvage entre les lèvres d'Estelle, entr'ouvertes par un pur sourire, lorsque Vacotah entra dans le wigwam.

Tameï n'eut que le temps de poser rapidement

la coupe sur la table de la première chambre.

Le chef Indien accrocha la carabine qu'il tenait et prit un escabeau sur lequel il se laissa choir avec une visible lassitude.

— La chasse a été bonne, fit-il d'un air joyeux, le trappeur était avec nous !... Mais le Grand Esprit a fait son soleil bien chaud aujourd'hui !

Et apercevant la coupe, il étendit la main pour la prendre et la porter à ses lèvres.

Rapide comme l'éclair, Tameï s'élança, et la lui arrachant :

— C'est la mort ! exclama-t-elle.

Et elle jeta le liquide dans l'âtre.

— La mort ? fit Vacotah en se redressant brusquement.

Et promenant un regard autour de lui, il entrevit, à travers la natte relevée, le profil d'Estelle endormie.

— Vacotah comprend et son cœur est traversé par la flèche du désespoir ! gémit-il avec douleur... Puissant Dieu de ma tribu, rends moi l'amour de Tameï !

— Que l'étranger s'éloigne donc avec sa squaw ! fit-elle résolument.

— Que leur volonté soit faite !... Ils sont les hôtes de Vacotah, et Vacotah ne compte pas les jours !

L'apparition d'Estelle vint faire diversion à cette affreuse scène. Elle s'était enfin réveillée, et calme et souriante, elle s'avança vers l'Indien pour lui exprimer toute sa gratitude.

— Le Grand Esprit ordonne d'assister les faibles ! dit Vacotah simplement... La squaw de mon ami se trouve-t-elle mieux ?

— Oui, ce long sommeil a rafraîchi mon sang !... J'ai eu des songes heureux où je voyais partout Martial... La jolie Tameï aussi m'est apparue... Elle me prodiguait les soins les plus touchants et faisait des vœux pour mon bonheur !

— C'était bien un rêve ! fit Vacotah.

— Et un rêve délicieux... Tameï est si charmante !

Et joignant l'action à la parole, Estelle attira gracieusement Tameï vers elle et l'embrassa avec tendresse.

Ce baiser fut pour l'Indienne comme la marque d'un fer rouge, il brûla son front.

— Mais dites-moi, mon bon Vacotah, reprit Estelle, Martial va-t-il bientôt revenir ?

— Mon ami et mon frère poursuivaient un chevreuil rapide... Vacotah est rentré seul au wigwam !...

Un coup de feu se fit entendre.

— C'est tout près d'ici ! fit Estelle.

— Vacotah reconnaît la voix de la carabine de son frère... Le chevreuil ne broutera plus l'herbe des Prairies !

— Les voilà ! dit Estelle.

Et joyeuse, elle courut au devant de son mari, pendant que Tameï, incapable d'assister aux transports du bonheur de sa rivale, s'enfuyait, la mort dans l'âme, au fond de la seconde chambre du wigwam.

Patrick venait de jeter à terre un superbe chevreuil qu'il avait apporté sur ses vigoureuses épaules. Martial contempla un instant l'animal, et montrant à Estelle la blessure qu'il avait au front :

— Vois-tu, ma chère, l'adresse de Patrick tient du prodige ! dit-il avec admiration.

— C'est affaire d'habitude, voilà tout ! fit modestement le trappeur.

— Figure-toi, reprit Martial, que cette pauvre bête était blottie dans un bouquet de *Hyedra* et que l'on ne voyait pas grand comme une piastre de son front.

—C'était plus large que ma chevrotine, ça suffisait !

— Patrick a des balles enchantées comme Robin des bois ! dit Estelle en riant.

— Voilà donc le gentil chevreuil mort, continua Martial... Mais comment le retirer du
milieu de cette maudite touffe de *Hyedra*?... Je
n'osais pas m'y risquer...

— Pourquoi donc, mon ami?

— C'est que le simple contact de cet arbris-
seau est vénéneux, surtout à cette époque où il
est en pleine floraison... Il y a même un véritable danger à se trouver dans l'aire du vent
qui passe sur lui!...

— Et qu'en résulterait-il?

— Demande à Patrick...

— On deviendrait tout bonnement enflé
comme une outre pleine, répondit le trappeur,
et au bout de deux ou trois jours, le corps n'of-
frirait plus qu'une hideuse plaie vive!...

— Oui, c'est dans le suc de la *Hyedra* que
Vacotah trempe la pointe des flèches qu'il des-
tine à ses ennemis! fit l'Indien avec fierté.

— Oh! le vilain arbuste! dit Estelle... Et
vous y avez touché, Patrick?

— Oui, reprit le trappeur, après avoir avalé
quelques gouttes de jus d'*Yerba Buena* et
m'en être frotté les mains!... Dieu met le remède
près du mal...

— Sa prévoyance est admirable, il pense à
tout! fit Estelle.

Pendant plusieurs jours encore, Martial et Patrick restèrent avec Vacotah ; mais leur séjour devait avoir un terme prochain.

Après avoir délivré Estelle avec l'aide de ses nouveaux amis, Martial comprenait que la vie oisive qu'il menait au camp des Indiens ne lui donnerait pas les moyens d'atteindre à la richesse qu'il avait rêvée. Et puisque les hasards de son existence aventureuse l'avaient amené aux Placers, il devait en profiter pour essayer du métier de mineur. Il saisit donc la première occasion de s'ouvrir de son projet à Vacotah et lui dit, en présence d'Estelle et de Patrick :

— Maintenant que, grâce à vos bons soins, excellent ami, nous avons recouvré nos forces et notre courage, nous devons nous souvenir qu'il nous reste notre fortune à faire... Nous voulons aller aux Mines !...

Et se tournant vers le trappeur :

— Quelles sont les plus voisines, Patrick ?

— Ce sont celles de Mokalumné-Hill, que les Européens nomment, eux, les Forcades, en souvenir de deux Bordelais, deux frères de ce nom qui les ont découvertes, mais ne s'y sont guère enrichis !

— Les Faces Pâles font donc fortune quand ils ramassent beaucoup de ces petits cailloux jaunes qu'ils appellent de l'or ? demanda Vacotah avec curiosité.

— Oui, car ces cailloux achètent un royaume ! répartit Martial d'un ton enthousiaste.

— Vacotah est roi et n'a pas acheté sa puissance avec ces cailloux d'or !

— Parce qu'il n'en avait pas peut-être ! reprit Martial en plaisantant.

— Mon ami se trompe !... Vacotah possède, dans une grotte cachée, des milliers de ces pierres brillantes !

— Que dit-il, Patrick ? fit Martial au comble de l'étonnement.

— La vérité, Martial !... Vacotah a hérité d'immenses trésors, dont l'origine remonte à l'époque de Guatimozin et de Montezuma, et qui se transmettent ainsi de chef en chef depuis plus de trois cents ans !

— C'est comme un conte des *Mille et une Nuits !*... Et que faites-vous, Vacotah, de tant de richesses ?

— Des bracelets et des colliers pour les squaws ! répondit Vacotah d'un air indifférent.

— Ce n'est pas déjà si mal les employer ! fit Estelle en riant.

— Et des harnais de guerre et de chasse

pour nos fougueux mustangs! acheva Vacotah avec orgueil.

— Qu'appelle-t-il mustang, Patrick, interrogea Martial.

— L'étalon sauvage qu'il a dompté !

— Ah ! peut-on mépriser ainsi un métal qui fait le bonheur du genre humain !

— Erreur, Martial... Vacotah est plus heureux que vous parce qu'il ignore les besoins insatiables de l'Européen... C'est l'homme primitif, le patriarche de l'Écriture, et l'Écriture n'érige pas en loi la nécessité de l'or !

— Autres temps, autres besoins! fit Martial.... Il faut de l'or aujourd'hui, Patrick, et beaucoup !... J'en veux et je vais en chercher !

— Allez, Martial, essayez encore de cette illusion !

— Peut-être, Patrick !

Puis, s'adressant au chef Indien, qui était resté pensif, il ajouta :

— Nous allons partir, secourable Vacotah... Recevez donc nos adieux et l'expression de la reconnaissance de deux cœurs qui n'oublieront jamais votre loyale conduite !

— Vacotah a fait ce qu'il devait !... Que le Grand Esprit soit avec mon ami !

— Adieu à vous aussi, cher Patrick, qui avez

veillé sur ma vie comme un véritable père !

Martial serra fortement la main de Vacotah, et se jetant au cou de Patrick, il l'embrassa avec un attendrissement indicible. Puis, prenant le bras d'Estelle, il allait s'éloigner, lorsque le trappeur le retint.

— Eh ! bien, grand enfant, où allez-vous ? fit-il d'un accent de reproche.

— Aux mines des Forcades !

— Le chemin est difficile et peu frayé, continua Patrick.

— Nous le tracerons ! reprit énergiquement Martial.

— O jeunesse ! tu ne doutes de rien ! dit Patrick philosophiquement... Prenez-moi au moins pour guide, Martial !

— Moi !... vous imposer ce nouveau sacrifice !

— Ça n'en est pas un, poursuivit le trappeur... Je suis nomade et bien partout, moi ! Et je puis peut-être vous être utile encore !

— Quel ami vous êtes, Patrick ! lui dit Estelle avec un sentiment profond.

— Eh ! bien, j'accepte, fit Martial... Je trouverai sans doute un jour l'occasion de me libérer envers vous, mon cher Patrick !

— Je suis payé par ma conscience, c'est assez !

— En route alors, et que Dieu nous accompagne, s'écria Martial avec un air d'espoir résolu.

— Au revoir, Vacotah ! dit Patrick, en prenant la main de l'Indien... Ce sont deux enfants que le Ciel m'a envoyés dans ma vieillesse et mon cœur est plein d'amour pour eux !

— Mon frère est le meilleur des hommes pâles !... Au revoir et longue vie à mon frère ! répondit Vacotah, que son impassibilité ordinaire abandonna une seconde pour laisser passage à une fugitive émotion.

Et après une dernière étreinte, Martial, Estelle et Patrick prirent définitivement congé de leur hôte.

Ils n'avaient pas fait vingt pas que Tameï, apparaissant livide et consternée, sur le seuil du wigwam, s'écria avec désespoir :

— L'homme pâle est parti sans revoir Tameï!

Vacotah prit doucement sa jeune femme par le bras, et la forçant à rentrer :

— Tameï le retrouvera dans les Prairies du GrandEsprit ! lui dit-il d'une voix sombre.

§ 7. LE PLACER DES FORCADES

(Mokalumné-Hill).

Nous retrouvons nos voyageurs installés au

Placer des Forcades depuis deux semaines environ.

Ce Placer, qui eut un moment une célébrité et une vogue extraordinaires, commençait à être délaissé par beaucoup d'étrangers que la découverte, le *Prospect* comme disent les Américains, de nouveaux gisements aurifères attirait vers d'autres parties de la contrée. Cependant, c'était encore un centre important, surtout au point de vue du ravitaillement des Mines avoisinantes, et l'on y trouvait abondamment tous les objets nécessaires aux travaux des mineurs. La ville se composait de quelques centaines de tentes, jetées çà et là irrégulièrement, et dont plusieurs reposaient sur de véritables murailles en troncs de bois massifs ; on y voyait aussi un certain nombre d'habitations plus élégantes, construites en bons madriers peints. Au milieu de cette agglomération, on avait ménagé un assez vaste espace qui servait de lieu d'assemblée en même temps que de marché aux habitants du camp. Trois fois par semaine, on y rencontrait, pendu par les jarrets de derrière à un immense chevalet formé par trois fortes gaules, un buffle dépouillé et sanglant, sur lequel les mineurs venaient eux-mêmes couper les tranches de chair dont ils avaient besoin.

Du seuil de leur tente, où ils étaient assis tous deux, l'un fumant et l'autre nettoyant son riflé, Martial et Patrick assistaient à cet étrange spectacle. C'était jour de marché.

— La boucherie est ouverte! clamait gaiement le débitant... Qui est-ce qui en veut? C'est tout chaud !

Parmi les mineurs qui se pressaient autour de ce boucher improvisé, un œil exercé aurait pu facilement reconnaître Antonio Clarès, ce misérable intendant de Don Torribio qui, après avoir recueilli son dernier vœu, était venu s'établir aussi aux Forcades pour surveiller Martial, et cherchait constamment une occasion sûre de venger la mort de son patron. Martial l'avait bien remarqué, mais sans y faire autrement attention.

— Eh ! dis donc, camarade, fit le boucher en s'adressant à un mineur qui, une gigantesque faca en main, se taillait un colossal morceau dans la cuisse du buffle... Dis donc, si tout le monde était aussi goulu que toi, il n'en resterait guère pour les amis !...

— Qu'est-ce que ça me fait? répondit l'autre... Voilà assez longtemps que je ne mange que des pois secs et de la *panoche* durcie... Je veux me payer une franche lippée, mes moyens me le permettent ce matin...

— Tu as donc eu la pioche heureuse? Tant mieux, camarade, chacun pour soi !

Sans daigner répondre, le mineur jeta, dans le chapeau du boucher qui, posé par terre, servait de bureau de recettes, une pépite qui eut payé dix fois la valeur de son roatsbeef, et s'éloigna majestueusement. Ce mineur n'était autre qu'Antonio Clarès.

— Voilà un singulier industriel ! dit Martial en riant de bon cœur.

— Ses frais de loyer et d'étalage ne le ruineront pas ! fit Patrick sur le même ton.

— Que de choses curieuses l'on voit en voyageant !

— Oui, ça forme un homme !

— Mais ça ne l'enrichit pas, fit Martial en tapant sur sa ceinture... Pierre qui roule n'amasse pas mousse, Patrick !

— Je l'ai entendu dire !

— Et c'est vrai !... Il y a neuf mois, j'avais encore dix mille francs, avant toutefois que cette canaille de notaire Félix ne me les eût volés... et aujourd'hui je ne possède que cent quarante piastres, fruit de mon salaire gagné à San-Francisco... Je les ai là, dans ma ceinture, en aigles américains...

Pendant que Martial parlait, Clarès, sortant

du groupe des mineurs, s'était blotti derrière
un arbre émergeant d'un bouquet de bois très
rapproché de la tente. De là il put tout entendre.

— Patience, Martial ! fit Patrick... Quelque
beau matin, vous trouverez dans votre *claim* ce
que les mineurs appellent une *poche*, toute bon-
dée de votre cher métal !

— J'en accepte l'augure !... En attendant, depuis plus de deux semaines que je pioche comme un nègre, c'est à peine si mon trou a rendu
une douzaine de réaux par jour...

— Ça couvre à peu près vos frais de nourriture !
dit Patrick.

— Et pourtant j'ai acheté un *berçeau*, continua Martial, parce qu'en lavant à la *battée*, je ne
faisais pas assez de besogne... A propos, Patrick,
savez-vous qui j'ai pour voisin dans la Cañade ?

— Dites-le, je ne chercherai pas !

— Ce gredin d'Antonio Clarès ! Il me prend
quelquefois des envies furibondes de miner sur
son crâne à coups de pic !

— Pardonnez-lui, Martial, il n'était que le
bras obéissant qu'une volonté supérieure faisait
agir !

— C'est égal, ce misérable m'a fait tant de
mal qu'il m'est odieux de me rencontrer face à
face avec lui ! fit Martial avec dégoût.

— Soyez prudent, Martial !... Aux Mines, il est sage d'être bien avec tout le monde !

Comme Patrick achevait cette salutaire recommandation, Estelle parut à l'entrée de la tente et annonça que le repas était prêt.

— Bonne nouvelle! fit joyeusement Martial... J'ai une faim de serpent boa à jeun !

— Eh! bien, mon cher ami, je te recommande un certain plat d'écureuil gris, rôti dans du jus de limon... Je ne te dis que ça !

— Bravo !... Mais le morceau d'honneur sera pour Patrick, notre pourvoyeur en chef de gibier et de venaison !.. Allons, illustre carabine, offrez votre bras à la maîtresse du logis !

— Aimable et joyeux garçon ! fit Patrick, en s'exécutant avec une gaucherie de bonne humeur.

Ils entrèrent tous trois dans la tente, mais Patrick en ressortit presque aussitôt pour prendre son rifle qu'il avait oublié. Il aperçut alors Clarès qui quittait l'arbre derrière lequel il s'était tenu caché et s'éloignait rapidement.

— Tiens !... Clarès !... Quest-ce qu'il faisait donc là ? pensa Patrick en rejoignant ses amis.

Clarès n'avait pas perdu son temps.

Martial avait dit à Patrick qu'il avait encore en bourse une somme de cent quarante piastres

et cette confidence était parvenue aux oreilles
du Mexicain. Aussitôt un plan infernal avait
germé dans son esprit. Nous allons voir de
quelle façon il devait l'exécuter.

Après avoir abandonné son poste d'espionnage,
Clarès était revenu se mêler au rassemblement
que formaient les mineurs autour de l'étal en
plein vent du boucher. La conversation y était
fort animée, presque tumultueuse.

— Ça ne peut pas durer comme ça ! disait un
Français, au type méridional... Encore hier,
on a pris trois onces à Peters le Hollandais...

— Der Teuffel ! grognait un Allemand... Si
che afre denu cette foleur, son betite avvaire il
édait baglée !..

— J'ai des soupçons ! reprit le Français.

— Parlez, parlez... lui cria-t-on de toutes parts.

— Eh ! bien, les amis, je me méfie de ce
Mexicain qui est arrivé parmi nous il y a une
quinzaine de jours... Je l'ai vu hier, à la nuit,
roder autour de la tente de Peters, il semblait
examiner les lieux et attendre que le propriétaire
fut sorti.., Voilà !...

— Il vaut le bendre ! fit l'Allemand.

— On y viendra, vieille tête carrée ! ajouta le
Français, en lui allongeant une forte tape sur
l'épaule.

— En adendant, che fas brébarer la gorde !

— Il a raison ! crièrent tous les mineurs d'une seule voix.... La potence au voleur !

— Je ne m'y oppose pas, acheva le Français, car dix vols dans huit jours, c'est trop fort !

C'est à ce moment où les têtes étaient fort montées, qu'apparut Clarès. Il s'avança au milieu des mineurs.

— Et nous ne sommes pas au bout ! leur dit-il... Gentlemen et Caballeros, ce matin même ma tente a été audacieusement coupée et toutes mes pauvres économies enlevées.

— On n'est plus en sûreté aux Forcades ! clama la foule.... Point de pitié pour le coupable !

— Ce n'est donc pas lui ? pensa le Français, en examinant Clarès.... Mais le voleur est sans doute bien caché ! dit-il tout haut.

— Il est ici ! fit Clarès avec aplomb,

— Vous le connaissez ? demanda le Français.

— Oui, je l'ai vu, de loin, s'enfuir à mon approche....

— Nommez-le !.. Nommez-le !.. hurla-t-on de toutes parts.

— C'est le Français qui habite cette tente ! reprit Clarès avec une farouche énergie, en désignant la demeure de Martial.

— Au gibet !.. Au gibet !.. vociférèrent les mineurs.

— Un compatriote !.. C'est dommage ! fit le Français avec tristesse.

La tente de Martial fut à l'instant envahie par le flot des mineurs exaspérés qui, l'arrachant des bras d'Estelle et de Patrick qui essayaient de le soustraire à une fureur incompréhensible pour eux, le traînèrent brutalement au milieu de la place du Marché.

— Lâchez-moi !... Mais lâchez-moi donc ! criait-il, en se débattant avec force.... Que me voulez-vous ?

— Te bendre, foleur ! grinça l'Allemand.

— Moi, un voleur ?.. Vous voyez bien que vous vous trompez.,. Lâchez-moi ! fit-il en redoublant d'efforts pour se dégager... Et qui ose soutenir une si infâme accusation ?

— Moi ! intervint Clarès en payant d'audace et en s'avançant au milieu du cercle hostile qui s'était formé autour de Martial.

— Clarès ! fit Estelle, en jetant une exclamation de stupeur.

— Oui, Clarès dont tu as ce matin dévalisé la tente, bandit, et à qui tu as volé cent quarante piastres en aigles américains...

— Oh! misérable calomniateur! fit Martial avec un sentiment d'horrible répulsion.

— Je t'ai vu! ajouta Clarès avec un sauvage sang-froid.

— Oui.,. Oui... C'est lui! ce fut le cri général.

— Un instant, camarades, fit le Français, en commandant le silence par un geste énergique... Un instant!. Je suis Français aussi, et je dois défendre un compatriote, à moins que ce Mexicain ne fournisse des preuves matérielles et convaincantes.....

— Des preuves... Oui, oui! demanda la foule.

— Je respire! fit Estelle avec espoir... Son innocence va éclater...

— Gentlemen et Caballeros, poursuivit Clarès, vous voulez des preuves?... Qu'on fouille cet homme, on verra si j'ai menti!

Martial fut aussitôt dépouillé de ses vêtements, et sous sa vareuse de laine, il ne fut pas difficile de trouver la ceinture en peau qui ceignait ses reins.

— Foilà sa purse! fit l'Allemand, en la montrant aux mineurs.... Gomdons!... Chiste! 140 biasdres! ajouta-t-il triomphalement, et en même monnaie!

— Fatalité !... Le même chiffre ! pensa Martial, et il ne put se défendre d'un profond sentiment d'abattement.

— Il y a là-dessous un mystère infernal !... Oh ! je le découvrirai ! se disait le trappeur qui assistait impassible à cette scène déchirante.

Cependant Martial, malgré l'évidence qui semblait l'accabler, releva bientôt la tête.

— Mais cet argent est à moi, je l'ai gagné à San-Francisco à la sueur de mon front ! criat-il avec l'énergie de l'honnête homme.

— C'est faux ! fit Clarès vivement... Est-ce qu'on monte aux Mines lorsque l'on a encore 140 piastres ?... On reste à la ville et l'on joue, vous le savez bien !

— Il est vrai qu'on ne vient guère ici qu'une fois la sacoche bien vide ! dit le Français d'un air sombre.

— Clarès a raison !

Ce verdict universel vint frapper Estelle d'horreur. Elle se cramponna aux bras des mineurs, en leur criant d'une voix pleine de sanglots :

— Messieurs... Messieurs !... Mais mon mari n'est pas coupable... Écoutez-moi !...

— A la guisine, les vemmes ! fit l'Allemand, en la repoussant avec rudesse.

— Oh ! c'est horrible ! fit-elle désespérée.

— Gentlemen et Caballeros, reprit Clarès, puisque vous reconnaissez cet homme pour un voleur, je propose de lui appliquer la loi de Lynch !

— Oui... Oui... Jugeons-le !... Constituons un Comité de Vigilance !

Telle fut la réponse des mineurs à la proposition du Mexicain.

— La loi de Lynch !... Merci !... On connaît d'avance la sentence du jury ! fit le Français, avec regret.

— Que les trois plus anciens mineurs s'approchent donc et forment le tribunal ! poursuivit Clarès qui avait hâte d'en finir à tout prix.

— A cette invitation, le Français, l'Allemand, que nous connaissons déjà, et un troisième, un Mexicain, se réunirent en conseil immédiat pour prononcer sur le sort de Martial.

— Quel est ton avis, amigo ? demanda Clarès à son compatriote.

— *Ahorcado* ! fit laconiquement le Mexicain.

— Pendu ! très bien... Et vous, l'Allemand ?

— La gorde, Der Teuffel !

— Et vous, le Français ?

— Je demande simplement, répondit celui-ci, qu'on chasse ce malheureux du camp !

— Il suffit... La majorité, par deux voix contre une, condamne donc le voleur à la pendaison ! proclama Clarès d'un accent vibrant, et en jetant sur sa victime un regard où se lisait une haine implacable.

— O mon Dieu ! mon Dieu ! Protégez mon époux ! gémit la pauvre Estelle.

— La minorité propose de remettre l'exécution à demain, aujourd'hui étant un dimanche ! dit le Français, ému, malgré lui, par le destin de son compatriote.

— Y pensez-vous ? reprit vivement Clarès... Le plus tôt est le mieux avec de pareils brigands !

Mais la multitude des mineurs, satisfaits de leur besogne, et redoutant surtout que les apprêts d'une semblable exécution n'exigeassent un temps qui serait perdu pour le Monte auquel ils jouaient avec passion, particulièrement le dimanche, jour de leur repos, accueillirent favorablement la proposition du Français, et il fut résolu que Martial ne serait branché que le lendemain.

— Pauvre diable !... C'est tout ce que j'ai pu faire pour lui !... dit le Français à quelques camarades qui l'entouraient.

— Eh ! bien, soit ! fit Clarès en rongeant son

frein et forcé de se plier à la volonté des mineurs... Conduisons donc le condamné dans la prisons de l'Alcalde du camp et qu'on fasse bonne garde jusqu'à demain !

Estelle eut beau s'accrocher aux vêtements de Martial pour le disputer encore à ses bourreaux, il fut enlevé par plusieurs bras vigoureux et porté, inerte et n'ayant plus conscience de ce qui venait de se passer, vers la demeure de l'Alcalde.

— Toi qui fus mon maître, tu dois être content de ton serviteur !

Et en murmurant ces mots, Clarès exultait d'une joie sauvage.

— Tout n'est pas perdu !... J'ai mon idée ! pensa Patrick, en examinant d'un œil profond le Mexicain qui s'éloignait.

Et sortant de la torpeur apparente où ces événements l'avaient plongé, le vieux trappeur s'approcha d'Estelle anéantie, et la soutenant avec précaution, il la reconduisit doucement vers sa tente.

§ 8. LA TIENDA DE MASTER BOB

Rien de ce qui s'était passé n'avait échappé à la sagace perspicacité de Patrick. Pendant ces

longs et cruels débats, il n'avait cessé d'obser-
ver l'attitude si méchamment provocatrice de
Clarès, et, se rappelant sa présence insolite et
mystérieuse auprès de la tente de Martial, il y
avait à peine une heure, il ne douta plus que ce
misérable n'eut entendu toute leur conversation
et qu'il n'eut aussitôt échaffaudé un plan habile pour perdre Martial et venger Don Torribio. Il sentait que c'en était fait de son ami
s'il ne parvenait à le sauver. Mais comment ?
Seul, peu connu encore des mineurs, pourrait-
il leur arracher une proie que toutes les appa-
rences accusaient ? Tout à coup, Patrick eut
une inspiration. Il voyait Vacotah, à la tête de
ses guerriers, accourant délivrer Martial et le
rendant à sa malheureuse femme! Mais le camp
du grand chef Indien était assez éloigné des
Forcades. N'importe, il fallait aller au plus vite
solliciter son secours, car l'exécution était
fixée au lendemain, à midi. Patrick n'hésita
pas, et laissant Estelle ranimée par une lueur
d'espérance, il partit pour le campement de
Vacotah. Au jour, il était de retour, plus confiant, car l'Indien lui avait promis assis-
tance.

Pendant sa longue marche, Patrick avait
mûri tout un plan d'action, et sans prendre un

seul instant de repos, il se rendit à la Tienda
de master Bob.

C'était une maison en planches de sapin, recouverte de toile gommée et d'assez piètre aspect. Elle ne contenait qu'une grande salle
entourée de rayons en bois brut, garnis de tous
les objets de consommation nécessaires aux
mineurs, tels qu'ustensiles, outils, vêtements,
vivres, tonneaux de liquides. Au fond, au milieu, s'étalait un grossier comptoir, et sur les
côtés étaient rangées plusieurs petites tables
crasseuses autour desquelles, sur de mauvais
escabeaux, se pressait le soir une double haie
de joueurs de Monte.

— Holà ! Bob ! appela Patrick en entrant et
en s'asseyant à une table isolée, assez loin des
mineurs qui commençaient à arriver dans l'établissement pour les libations du matin.

— What, Sir ? fit l'Américain en accourant
vers Patrick.

— Tu aimes l'argent ?

— Oh ! yes... Very much !

— Veux-tu gagner vingt onces ?

— Oh ! yes ! fit le Tiender dont le regard s'en-
flamma de désir.

— Tu connais le Mexicain Clarès ?

— Yes, Sir !

— Il vient, n'est-ce pas, tous les matins, comme les autres mineurs, boire du mezcal et manger des panoches ?

— Yes, Sir !

— Prends cette poudre, tu la verseras dans son verre ! continua le trappeur en lui présentant un petit paquet.

— Oh ! fit Bob surpris.

— Tu hésites ?... Alors, je garde mes onces !

— No, no... Give me ! dit Bob, se ravisant subitement.

— Je te paierai après !... Mais observe fidèlement notre marché, ou sinon... Ma carabine est longue, tu le sais ! ajouta Patrick.

— Very well, Sir !

— Maintenant, sers moi une tranche de bœuf fumé et une pinte de porter.... Canaille ! grommela-t-il, en suivant des yeux master Bob qui retournait vers le comptoir... Il ne me demande pas seulement si c'est du poison !

Le moment solennel approchait donc ! Si Patrick ne s'était pas trompé dans ses conjectures, Clarès était le vrai coupable. Cette poudre enivrante, que le trappeur venait de remettre à Bob, délierait à coup sûr la langue maudite du Mexicain, et la lumière se ferait. Mais si ce moyen ne réussissait pas, pourtant ! Res-

tait Vacotah qui avait promis d'arriver à temps
et qui devait ne pas tarder à paraître, car il
était déjà six heures du matin, et le supplice
de Martial était marqué pour le moment du repos des mineurs, midi. Infortuné Martial ! Il
accusait peut-être son vieil ami de ne pas avoir
élevé la voix, la veille, pour le défendre ! Mais
Patrick connaissait trop le caractère soupçon-
neux des mineurs qui l'auraient facilement pris
pour le complice de l'accusé, et deux cadavres
se balanceraient ce soir à la potence !... Qui
donc alors eut essayé de sauver Martial ?

Le trappeur était plongé dans ces sombres
réflexions, quand un bruit de voix animées résonna devant la porte de la Tienda, qui s'ouvrit pour livrer passage à un groupe de mineurs
en tête desquels marchait Clarès. Le moment
était venu pour Patrick de rester plus que
jamais impassible et d'attendre.

— Oui, Gentlemen et Caballeros, disait
Clarès d'un air dégagé, en l'honneur du superbe jugement que vous avez rendu hier, je
vous offre le coup du matin !..

Et se reprenant tout à coup, il ajouta :

— Si master Bob veut bien toutefois me faire
crédit, car mes pauvres économies....

— Yes, Sir ! fit Bob.

Et tout en s'occupant de verser à boire aux mineurs, il jeta, avec une prestesse merveilleuse, dans le verre de Clarès, la poudre que le trappeur lui avait remise.

— Fameux mezcal ! dit Clarès en faisant claquer sa langue, après avoir avalé la liqueur.

— Ça ne gratte pas assez, j'aime mieux l'eau de vie ! riposta le Français.

— Moi, che brévère le Bock-bier de Pafière ! ajouta l'Allemand.

— Avec des saucisses à la choucroûte, n'est-ce pas, vieux Tudesque ? reprit le Français.

— Ya, peaugoup te chucrûte !

— Chacun son goût, amigos ! fit Clarès en vidant coup sur coup plusieurs autres verres.

Déjà, le Mexicain commençait à ressentir l'influence de la drogue enivrante qu'il venait d'absorber et il chancelait sur ses jambes.

— Camarades, dit le Français, en attendant d'aller fouiller la Cañade, si nous faisions une légère partie de Monte, en douceur....

— Ça va... Le Monte ! exclama-t-on... Bob, des cartes !

— Marquez vos tableaux, je tiens la banque ! reprit le Français.

L'ébriété de Clarès devenait de plus en plus intense. Ses joues se marbraient de taches rou-

geâtres, ses yeux roulaient largement ouverts,
et le timbre de sa voix accusait un enrouement
de mauvais aloi. Il s'approcha des joueurs en
titubant.

— Je fais une once à *bastos, fuera la puerta*!
dit-il en s'appuyant à la table.

— Merci, je sors d'en prendre ! fit le Français
en riant.... Il faut éclairer, mon vieux père Trin-
quefort!...

— Caramba! on le peut, amigo !

Et Clarès jeta une once sur le tapis. Les mineurs regardèrent le Mexicain d'un œil étonné.

— Tiens ! Tiens ! Tiens ! le vieux sournois !
fit le Français en tirant les cartes... Il disait
que tout son quibus s'était envolé !... Tu as
perdu, mon amour !

Du coin où il était assis, Patrick n'avait rien
omis de cette scène. Il se leva et se rapprocha
des joueurs, prêt à intervenir au moment décisif.

— Perdu !... Carjaco ! Qu'est-ce que cela me
fait ?... Quatre onces à *copas* ! fit Clarès de plus
en plus ivre.

— Il paraît que lorsqu'il n'y en a plus, il y
a encore ! continua le tailleur... C'est comme la
bouteille inépuisable de Robert Houdin !... Tu
as encore perdu, mon Adonis !

— Demonio !... Dix onces à *spada* !... Clarès sait où on les trouve, les onces !...

Et en balbutiant ces mots si terribles pour lui, le Mexicain tirait une longue bourse de ses calzoneros.

— Enfin !... Assez, camarades...

Tous les joueurs se retournèrent vers le trappeur.

— Hier, continua-t-il, vous avec condamné comme voleur un malheureux innocent... Le voleur, le voilà !... C'est Clarès, je l'affirme devant Dieu !

— En effet, il prétendait avoir été dépouillé et il possède une aussi forte somme !... Oh ! oh ! nous allons rire, ami Clarès ! fit le Français en secouant l'ivrogne.

— Oui... Je m'appelle Clarès... Et je trouve l'or tout monnayé, moi !... Ah ! Ah ! Ah ! C'est agréable, les Mines... et il est très fort, Antonio Clarès, Carjaco !

— Vous l'entendez, camarades ! fit Patrick radieux.

Terrassé par l'ivresse, hébété, Clarès s'était laissé choir sur la table, où il ne tarda pas à s'endormir d'un lourd sommeil.

— Ah ! vieux sacripant ! exclama le Français, tout joyeux de la tournure que prenait la scène...

C'est toi qui feras connaissance avec la corde aujourd'hui !

— Che rébonds te sa solitité, ricana l'Allemand, elle ne gassera bas !

Et il montrait une grosse corde enroulée autour de lui.

— Ce sera justice ! reprit Patrick.... Mais hâtez-vous, camarades, d'aller rendre à sa femme ce malheureux jeune homme accusé d'un crime qu'il n'a pas commis !.. Moi je veillerai sur ce forban !

— Bien parlé, vieux trappeur ! s'écria le Français... Allons, les amis, sachons réparer le mal que ce damné gredin nous a fait commettre..... A la prison, et ramenons le captif en triomphe !

— Pourfu gue mon gorte il serfe à guelgu'un, ca m'est pien écal !.. fit l'Allemand philosophiquement.

Resté seul, Patrick appela le Tiender.

— Approche, Bob !.. Voilà tes vingt onces !.. tu les a bien gagnées et je te les donne avec joie !

— I thank you, Sir! fit Bob en empochant les pièces d'or avec une satisfaction visible.

—Cher Martial ! pensa Patrick rayonnant... Rendu à la liberté, à l'honneur,

De grands cris, de bruyantes acclamations éclatèrent. C'était les mineurs qui, après avoir délivré Martial, le ramenaient triomphalement.

Prévenu par un mot que Patrick lui avait fait
porter en toute hâte, Estelle était précipitamment accourue et elle arrivait à la Tienda de
master Bob en même temps que le cortège. Nous
n'avons pas besoin, sans doute, de dépeindre
les transports d'ineffable joie qui marquèrent
la réunion de Martial et d'Estelle. Tout ce qu'ils
venaient de souffrir fut oublié dans un long
embrassement.

Patrick était venu serrer la main de son ami
avec une vive émotion, lui qui s'attendrissait si
peu, car il comprenait mieux qu'un autre, fami-
liarisé comme il l'était avec les sauvages et
rudes mœurs des mineurs, à quel danger
Martial échappait.

— Ah ! Patrick ! je ne croyais plus vous revoir ! fit Martial en embrassant chaleureusement
le vieux trappeur.

Puis, se tournant vers les mineurs qui continuaient leurs joyeuses démonstrations, il ajouta:

— Mes amis, mes bons amis, merci de vos
témoignages de repentir et d'amitié, j'en suis
profondément touché.... Mais comment a-t-on
découvert la vérité ?

15.

— Par hasard, répondit Patrick... Clarès
s'est abominablement grisé, et sa langue n'a
pas voulu être en reste d'intempérance....

— *In vino veritas* ! fit Martial en riant.

— C'était du mezcal, cette liqueur traîtresse
que fournit le cactus ! reprit Patrick en gardant
son secret.

— Qu'elle soit bénie ! fit Estelle avec élan...
Car cinq heures plus tard... Ah ! je frissonne
rien que d'y penser !

De la table, sur laquelle l'ivresse avait cloué
tout d'abord Clarès, il était insensiblement
tombé, par des haut-le-corps successifs, au pied
des escabeaux, sur le sol en terre battue de la
Tienda. Sa poitrine était à chaque instant secouée par un hoquet horrible et quelques mots
entrecoupés lui montaient alors aux lèvres.

— Voleur!... Voleur!... Chien de Français !...
Tu seras pendu!... Ah! ah! ah!

Et tout son corps tressaillait d'un rire hideux.

— Le malheureux ! fit Martial, pris de pitié.

— C'est son arrêt qu'il prononce! dit Patrick.

— Mes amis, reprit Martial en s'adressant
aux mineurs, je ne veux pas garder une seule
de ces maudites 140 piastres... J'en gagnerai
d'autres en travaillant!... Je vous convie tous

à un banquet fraternel pour ce soir, ici, à la Tienda de master Bob !...

— Accepté, et vive la joie ! n'est-ce pas, camarades ? fit le Français en jetant en l'air son panama.

— Mais avant, continua Martial, je propose que la bourse de cet infortuné Mexicain soit partagée entre tous ceux qu'il avait dépouillés... Le voulez-vous ?

— C'est trop juste, et je vais faire la distribution ! ajouta le Français.

Et le brave garçon, après avoir mis de côté les 140 piastres en aigles américains qui appartenaient à Martial et qui devaient payer les frais du festin offert par lui, rendit à chacun des volés tout ou partie de la somme soustraite par Clarès.

Comme il achevait son honnête mission, le son d'une trompe retentit tout près de la Tienda. Etonnés, les mineurs allaient se précipiter en masse vers la porte, quand Patrick les retint.

— Je connais ce signal !... Ne craignez rien, camarades, ce sont des amis !... C'est Vacotah !.... Je vais à sa rencontre...

— Je vous suis, Patrick... Je suis heureux de presser encore une fois la main de ce noble Indien ! fit Martial.

L'attente ne fut pas longue, et Vacotah, escorté de ses principaux guerriers, entra dans la Tienda, et pendant que les Indiens, entraînés vers le comptoir de master Bob, fraternisaient avec les mineurs, le chef s'approcha du groupe des étrangers.

— Avec quel plaisir nous vous revoyons, bon Vacotah ! lui dit Estelle avec un affectueux empressement.

— Oh ! oui, c'est un beau jour pour nous ! confirma Martial.

— Le cœur de mes amis a de la mémoire ! répondit l'Indien.

— Mais quel destin vous amène aux Forcades ? demanda Martial.

Vacotah allait franchement faire connaître le motif de son apparition inattendue dans le Placer, mais sur un signe rapide du trappeur, il comprit qu'il devait se taire. D'ailleurs, Patrick qui ne voulait pas que Martial apprît la vérité, désormais inutile puisqu'il était délivré, s'empressa de prendre la parole.

— Vacotah va demander sa revanche au chef des Grands Serpents ! dit-il.

— Une nouvelle guerre ? fit Martial.

— Mes guerriers devenaient des femmes!

— Puissiez-vous être victorieux, Vacotah !

—Le Grand Esprit l'a promis à mon peuple!..
Mais avant de partir, Vacotah désire échanger
des paroles graves avec son ami....

— Je vous écoute, Vacotah !

— Non, demain, reprit l'Indien... Vacotah
attendra son ami à la Grotte secrète !...

— Mais je ne sais où elle est.....

— Mon frère conduira les pas de mon ami et
de sa jeune squaw ! continua Vacotah.... Que
dit mon frère ?

— Je suis à tes ordres, Vacotah ! répondit
Patrick avec empressement.

— Mon ami viendra ?

— Vous pouvez y compter, Vacotah !

— A la troisième heure !

— Je serai exact !

— C'est bien !

Et sur ces mots, Vacotah, après avoir touché
les mains de ses amis, fit un signe à ses guer
riers et sortit à leur tête pour aller rejoindre le
gros de sa troupe et se mettre en route. Les
mineurs les accompagnèrent de leurs hurrahs
prolongés, puis revinrent à la Tienda.

— Que peut-il nous vouloir, Martial? demanda
Estelle.

— Je cherche en vain ! lui répondit-il.... Et
vous, Patrick ?

— Oh ! Vacotah est une énigme ! fit le trappeur, qui se doutait bien du projet du chef Indien, mais ne se crut pas en droit de le dévoiler.

— Où vont donc ces Indiens ? demanda le Français, en venant se mêler à la conversation.

— Surprendre une tribu ennemie ! dit Patrick.

— Der Teuffel ! qu'ils sont filains, ces Beaux-Ruches ! intervint à son tour l'Allemand.

Cependant la matinée s'avançait et l'heure du labeur était arrivée: Martial, qui avait hâte de refaire ses petites économies, donna le signal du départ, en disant :

— Voyons, camarades, travaillons !.. Aux Mines jusqu'à ce soir et bonne chance à chacun de nous !

— C'est dit ! fit le Français.... Mais auparavant, nous allons porter l'illustre Clarès dans la prison de l'Alcalde, en attendant qu'on règle son compte dès qu'il aura cuvé son mezcal !...

Et il essaya de soulever le Mexicain, sans y pouvoir parvenir, et il reprit :

— Aidez-moi, camarades !... Il est lourd, le sacripant !

Martial ne put s'empêcher de jeter un regard de commisération sur Clarès qu'on emportait.

— Il passera, presque sans souffrir, de l'ivresse au sommeil éternel! fit-il tristement.

— Ce sera encore trop doux pour lui! répondit Patrick en haussant les épaules.

La journée fut bonne pour presque tous les mineurs, et surtout pour Martial, qui trouva une pépite qui valait environ cinquante dollars. Était-ce le commencement des compensations?

Toute la nuit s'écoula au milieu des chants et des rires, et des émotions palpitantes du Monte. Les convives de Martial en prirent pour *son* argent, et master Bob dut s'arracher la peau des mains à force de se les frotter de satisfaction.

Clarès fut pendu à l'aube.

§ 9. LA GROTTE DES TRÉSORS.

Le site où nous allons transporter le lecteur est assurément un des plus pittoresques et des plus grandioses des Placers du Sud, et peut-être même de la Californie.

Dans une vallée retrécie et à peine longue de deux milles, toutes les beautés, comme toutes les horreurs de la nature, se trouvaient rassemblées ; c'était l'Enfer près du Paradis. Un torrent impétueux, encaissé entre des rocs à coupes perpendiculaires et lisses comme du velours vert, mugissait éternellement avec un fracas horrible, dérobé aux regards du voyageur par un nuage de brouillard s'exhalant de l'écume de ses eaux et qui empêchait de sonder de l'œil la profondeur de l'abîme. Dans les interstices des murailles rocheuses qui l'enserraient sur ses deux bords, le vent des siècles passés avait apporté quelques chétives semences d'où étaient nés des arbres énormes, à la chevelure inclinée sur le précipice et dont une grande moitié des racines, sortant des fentes qui ne pouvaient plus contenir leur force expansive, formait, avec la végétation de la rive opposée à laquelle elle s'enlaçait, comme un hamac aérien aux inextricables replis. Quelques-uns de ces arbres, morts de vieillesse ou abattus par les orages, s'étaient allongés sur ce réseau de verdure enchevêtrée, comme des ponts volants sur lesquels l'Indien seul osait rarement se risquer.

Le plateau qui s'étendait de chaque côté de la gigantesque fissure, au sommet des rocs où elle s'était creusée, offrait le plus riant aspect. C'était comme un champ de gazon émaillé de fleurs sauvages, toujours vives et éclatantes, et dans lequel croissaient, par bouquets espacés

au milieu des fougères arborescentes, les limo-
niers, les orangers, les grenadiers, les cactus
aux contours les plus bizarres, les amandiers et
une variété infinie d'autres arbustes gracieux.

Rien n'animait cet Eden silencieux. Seuls,
les oiseaux de proie, descendant des Cordillè-
res, qui bornaient le fond du tableau, venaient
projeter l'ombre de leurs grandes ailes sur cette
plaine embaumée et se percher un instant sur
les branches les plus élevées des arbres qui
surplombaient le torrent.

C'était dans ce lieu solitaire, nommé par les
Indiens le Val des Ancêtres, que Vacotah avait
donné rendez-vous à ses amis. Lui-même y
était arrivé dès la veille au soir, et après avoir
fait camper ses guerriers sur le plateau, il s'é-
tait acheminé seul vers la grotte mystérieuse
où Patrick, à qui il en avait révélé le chemin,
devait lui amener Martial et Estelle.

Elle s'ouvrait au milieu d'un bouquet de ta-
mariniers et on y accédait par un escalier que
recouvrait un quartier de roche caché sous la
mousse et les lianes. 'Les marches, taillées
grossièrement dans le dur granit par les anciens
Aztèques, aboutissaient à une vaste rotonde où
pendaient des milliers de stalactites aux pris-
mes étincelants et qu'éclairait une large baie,

ouverte dans la paroi vive du roc, comme un
balcon suspendu au-dessus du gouffre tumultueux.

Cette grotte contenait les épaves des prodigieux trésors qu'avaient possédés les anciens
souverains du Mexique et qu'ils avaient pu
soustraire à l'avidité des conquérants espagnols.
La connaissance de son emplacement passait
de chef en chef, par génération, mais à celui
seulement qui était légitimement reconnu comme descendant direct des Empereurs, ses aïeux.
Vacotah étant alors le dernier rejeton de leur
vieille puissance, lui seul, parmi toutes les
tribus indiennes, avait le secret de ces richesses.

D'innombrables pépites mêlées de quartz,
beaucoup grosses comme des noix de coco,
s'amoncelaient en tas tout autour de la galerie
souterraine, et des jarres de précieuse faïence
antique, aux dessins capricieux, contenaient
plusieurs milliers de quintaux de poudre d'or.
Des niches avaient été creusées dans les parois
de la grotte, et dans chacune d'elles étaient
juchés quelque divinité à la tournure grotesque
ou un animal aux formes fantastiques, tous en
or pur et massif.

Vacotah s'était assis, triste et pensif, sur un

tas de pépites, au fond de la grotte. Il resta longtemps plongé dans de sombres méditations, puis se levant tout d'un coup, il se dirigea vers une idole grossièrement ciselée dans un bloc d'or, et se courbant devant elle, il dit d'une voix pénétrante :

— Puissant Manitou, écoute la plainte du grand chef des Monos !.. Vacotah souffre, la douleur l'a vaincu !.. O Tameï, ton amour était plus doux pour Vacotah que la suave liqueur qui découle du palmier, et comme elle, il désaltérait chaque jour ses lèvres ardentes ?... O Tameï, qu'as-tu fait de cet amour ?.. Un homme pâle est venu des pays qu'éclaire un froid soleil et ton cœur a tressailli à la vue de l'homme pâle ! Vacotah souffre !..

Vacotah resta un instant dominé par sa douleur, puis se redressant avec résolution, il ajouta :

— La troisième heure est proche, mon frère et mon ami vont venir.... Il est heureux, mon frère, sa chevelure est blanche comme la neige des montagnes... Il ne peut plus aimer !.... C'est lui !

Et il s'avança à la rencontre de Patrick dont il entendait les pas dans l'escalier de granit.

— Mon frère est seul ? interrogea-t-il, surpris.

— Martial et sa femme attendent à l'entrée de la grotte.... j'ai voulu te parler sans témoins !

— J'écoute la sage parole de mon frère !

— Je t'ai deviné, Vacotah !.. Tu ne règnes plus seul sur le cœur de Tameï !... Martial, sans le vouloir....

— Vacotah sait que son ami n'est pas coupable, fit l'Indien avec loyauté.

— Et tu veux l'éloigner !

— Oui, car Tameï l'appelle dans ses rêves, et Vacotah est obligé de la faire garder par ses guerriers !

— Voudrait-elle te quitter ?

— Trois fois Tameï s'est enfuie vers les Forcades, trois fois mes guerriers l'ont ramenée au wigwam !

— Je te plains, Vacotah, et j'approuve ton projet !.. Mais Martial voudra-t-il s'y soumettre ?.. C'est un cœur fier !

— Le Grand Esprit accordera à mes paroles le don de persuader mon ami !

— Qu'il soit donc fait selon ta volonté !

Et Patrick remonta rapidement les degrés, pour reparaître bientôt suivi de Martial et d'Estelle.

En entrant dans la grotte, Martial s'arrêta

brusquement ; il restait cloué au sol, ébloui, fasciné.

— Grand Dieu ! que d'or ! s'écria-t-il enfin.

— Les trésors de Monte-Christo ne seraient qu'une obole auprès de ces incalculables richesses ! fit Estelle, qui avait peine à en croire ses yeux.

— Toutes ces pierres brillantes sont à mon ami !... Qu'il choisisse ! dit Vacotah avec une suprême majesté.

— Quelle plaisanterie, Vacotah !

— Vacotah est un chef sérieux !.. Mon ami est-il venu aux Placers pour y faire ce qu'il nomme sa fortune ?

— Certes, Vacotah, mais jusqu'ici la chance ne m'a guère favorisé !

— Vacotah sera plus intelligent que la chance ! reprit l'Indien d'un ton d'ineffable bonté.

Martial était littéralement abasourdi. Il lui semblait être le jouet d'un rêve fantastique ; ses regards affolés se portaient alternativement sur les visages de Vacotah et du trappeur, pour y chercher l'explication d'une énigme insoluble pour son esprit qu'une sorte de vertige commençait à envahir. Enfin, n'y tenant plus, il s'approcha vivement de Patrick et lui saisissant le bras :

— C'est à en devenir fou, Patrick ! lui dit-il avec agitation... Où veut donc en venir Vacotah ?

— Ecoutez-le, Martial, et faites selon ses vœux !.. C'est le bonheur pour tous !

— Vacotah aime son ami, reprit l'Indien avec un accent pénétré, et son cœur a frémi des dangers qui ont menacé sa vie !.. Que mon ami quitte donc une terre ingrate et perfide, et qu'il retourne au milieu de son peuple !..

— C'est là où tendent toutes nos espérances, cher Vacotah ! dit Estelle.

— Oh ! oui, revoir la France après tant d'épreuves, quelle joie !.. mais comment y songer seulement ?

— Mon ami le peut !.. Vacotah méprise ces cailloux qu'on appelle de l'or, parce qu'ils ne peuvent rien pour son bonheur !... Ils font, au contraire, la félicité des Faces pâles !.. Que mon ami emporte donc de ces cailloux autant qu'il en voudra prendre..... Vacotah sera joyeux!

— Quoi ! homme extraordinaire, vous voulez..... fit Martial au comble de la stupéfaction.

— Vacotah veut que vous puisiez sans scrupules au sein de ces richesses, pour lui sans utilité et sans prix ! dit Patrick.

— Je ne le puis, je ne les ai pas gagnées !

— La souffrance achète le bonheur !.. Mon ami a souffert, il est temps qu'il soit heureux !

— Oh ! oui, un peu de bonheur nous est bien dû ! dit Estelle.

— Consentez, Martial ! reprit le trappeur.

— Mais ma conscience, Patrick?

— Peut-on empêcher un homme d'être généreux envers un autre homme, et la conscience a-t-elle à rougir d'accepter un bienfait ? insista Patrick.

— Non, certainement... Mais le désir de Vacotah est si singulier !..

— Il est une preuve de l'amitié que vous lui avez inspirée !

— Vacotah attend la réponse de son ami ! fit l'Indien.

—En vérité, Vacotah, je ne saurais me résoudre......

— Vacotah a-t-il protégé son ami ?

— Oh ! je n'oublierai jamais que je suis votre obligé, Vacotah !

— Prouvez-le lui donc en l'obligeant à votre tour ! dit Patrick.

— C'est un service que Vacotah réclame, reprit l'Indien avec une confiante dignité... Maintenant Vacotah connaît la réponse de son ami !

— Un service, Vacotah ? fit Martial avec élan...

Ainsi présentées, je ne puis plus refuser vos offres... J'accepte donc !

— A la bonne heure, dit Patrick en souriant, Ça a été long !

— Vacotah est satisfait !

—Quelle étrange et admirable nature d'homme vous êtes, Vacotah ! fit Estelle.

— A la nuit prochaine, poursuivit l'Indien dont le cœur se sentait dégagé d'un grand poids, Vacotah fera porter dans la tente de son ami autant de cette poudre jaune, — et il désignait un des vases voisins — que le manteau d'un robuste guerrier en pourra contenir...

—Quelle fortune inespérée ! s'écria Martial... Il me semble que je rêve...

— Mais que mon ami me promette de se préparer aussitôt au départ !

— Oh ! soyez-en sûr, cher Vacotah, il nous tarde assez de revoir notre pays !... Il me sera cruel cependant de vous quitter !

— La pensée rapproche les distances ! dit Vacotah.

— Et le souvenir réjouit le cœur ! ajouta Patrick.

— Maintenant, que mon ami regagne les Forcades et y attende mon messager... Vacotah a besoin d'être seul !

— Ah ! laissez-moi avant vous serrer dans mes bras !

— Les embrassements sont pour les squaws... Voici ma main !

Martial la saisit, et les yeux pleins de larmes, il la pressa avec une convulsive énergie, tandis qu'Estelle, dans un élan irrésistible de reconnaissance, mettait un baiser sur cette même main loyale et bienfaisante.

— C'est bien !... A présent, allez...

Et Vacotah se tourna vers le fond de la grotte pour cacher une émotion dont il n'était plus le maître.

— Venez-vous, Patrick ?

— Je vous suis, fit le vieux trappeur.

Et se retournant vers l'Indien, il ajouta :

— Au revoir, Vacotah !... Puisse le bonheur rentrer dans ton wigwam !

Quand Vacotah n'entendit plus le bruit des pas qui gravissaient l'escalier, il revint vers l'idole qu'il avait déjà implorée, et se courbant une seconde fois devant elle :

— Ingrate Tameï, si l'absence tue l'amour, tu ne reverras jamais l'homme pâle !... Mais ton cœur reviendra-t-il à Vacotah ?... Puissant Manitou, reçois la prière du grand chef des Monos !

16

CHAPITRE HUITIÈME

DE SAN-FRANCISCO AU HAVRE

J'étais dégouté de la Californie où rien, à peu près, ne m'avait réussi.

Je profitai d'un coup heureux au Monte qui m'avait mis en poche trois cents piastres, somme fort inusitée pour moi depuis assez longtemps, pour .arrêter ma place sur le *Fernand-Cortez* qui devait sous peu de jours partir pour ·Panama. Etant venu par le cap Horn et ne connaissant pas les dépenses qui m'attendaient pour regagner l'Europe par la voie de l'Isthme, je me croyais suffisamment riche, avec mes quinze cents francs, pour y arriver à bon terme.

Ma joie de revoir ma patrie eut été sans mélange, si je n'avais eu le poignant regret de laisser, sur cette terre cruelle, deux amis bien chers : le pauvre Emile Amouroux, qui dormait pour l'éternité dans une vallée de Marysville, et Sophrone S... qui était alors lancé dans des opérations industrielles d'une haute importance et qui devaient encore le retenir longtemps dans ce remuant pays.

Le *Fernand-Cortez* emportait plusieurs individus avec lesquels je m'étais lié pendant mon séjour et qui avaient réalisé, soit aux Mines, soit en trafiquant, une assez jolie fortune. Je les retrouvai à bord avec plaisir, car pour de pareils voyages il est bon d'avoir des amis.

Nous relâchames à Acapulco, petit port de la côte mexicaine, qui fut célèbre autrefois dans les annales de l'histoire d'Espagne, car c'est de là que les conquérants expédiaient les galions qui transportaient à Panama les énormes saumons d'or et d'argent qu'ils tiraient des mines du Potosi.

Aucun spectacle n'est gracieux comme la vue de la délicieuse petite rade d'Acapulco, une fois qu'on a franchi le goulet qui y donne accès et qu'enserrent deux colossales murailles de rocs; mais je dois ajouter que cette passe mystérieuse est fort difficile à apercevoir, non par suite de la grosse mer, assez rare dans ces parages du Pacifique, mais à cause des brouillards dont les côtes sont souvent enveloppées. La plus luxuriante végétation entourait ce lac

tranquille, excepté sur la droite où s'élevait la
ville délabrée et endormie sous la protection
illusoire d'un vieux fort démantelé, datant de
Cortez, et sur les brèches duquel un soldat dé-
guenillé, armé d'un mauvais fusil à piston,
fumait, à moitié assoupi, son éternelle cigarette.

Avant même d'avoir mouillé, nous fûmes
environnés par une quarantaine de barquettes
taillées dans des troncs d'arbres entiers et ma-
nœuvrées par des enfants ou des vieillards presque nus, ne cachant, et encore ! que ce que
notre pudeur européenne réclame. Quant à la
population virile, elle dormait à cette heure du
jour particulièrement étouffante dans cette enceinte bordée de hautes montagnes. Alors commença un véritable bombardement d'oranges,
dont les marchands ne semblaient guère s'inquiéter, sûrs que la valeur leur en serait amplement payée. Le pont en était littéralement
jonché et il était difficile d'y marcher sans risquer de rouler au milieu des fruits. La manière
de solder ces vendeurs audacieux est depuis
longtemps connue et on ne manque jamais de
l'employer, car c'est un passe-temps fort diver-
tissant. Dès que ces effrontés gamins aperçoi-
vent le geste que vous allez faire pour jeter

dans la mer une pièce de très menue monnaie,
ils s'y précipitent, plongent comme une troupe
de pingouins affolés et reparaissent presque aussitôt tenant votre demi réal au bout des doigts
ou entre les dents. Pour regagner leurs canots,
c'est une joûte amusante. Quelques-uns, y re-
montant trop brusquement, le font chavirer,
nagent tranquillement autour jusqu'à ce qu'ils
l'aient adroitement remis à flot et s'élancent dedans, cette fois avec un peu plus de précaution.
Cette extrême habileté de natation semble propre à presque toutes les races encore un peu
primitives ; je l'ai remarquée surtout dans le
golfe d'Aden et dans celui de Panama. Dans le
premier, les nègres Somalis, à la curieuse chevelure teinte en jaune par un lavage de chaux,
plongent d'un côté du navire pour émerger
de l'autre, en passant par dessous la quille d'un
steamer qui cale au moins dix-huit pieds d'eau
à sa ligne de flottaison et vous montrent le demi-
shilling que vous leur avez jeté. Dans le golfe
de Panama, la scène est plus saisissante, car il
s'agit d'une lutte avec un animal redoutable, le
requin. Le nègre métis nage tout autour de son
ennemi, le fatigue, le harcèle, l'agace, et quand
le squale, à bout de patience et croyant cette
proie à sa portée, se retourne lentement pour la

broyer dans son horrible mâchoire, le nègre lui
ouvre le ventre dans toute sa longueur d'un
coup, prompt comme l'éclair, du coutelas qu'il
tenait entre les dents.

Nous ne passâmes que quelques heures à
Acapulco, qui furent employées à courir les
Tiendas et à payer un tribut rapide aux hospi-
talières mexicaines de la Calle Fuente.

Deux jours plus tard nous débarquions à
Panama, qui était, à cette époque, la capitale de
la Nouvelle Grenade, tandis qu'elle fait partie
aujourd'hui de la République de Colombie.

Au temps où je me reporte, la barre formée
par les vagues était si forte que l'embarcation
qui était venue nous prendre à bord du steamer,
n'essaya pas de la franchir. Il fallait pourtant
mettre pied à terre. Alors apparurent des indigènes marchant dans l'eau jusqu'à mi-poitrine,
qui enlevèrent les passagers du canot, et, moyennant un prix assez élevé, les portèrent au rivage
à califourchon sur leurs robustes échines. A
peine arrivé sur le sable, les jambes naturelle-
ment trempées, on n'avait qu'une hâte, c'était
de gagner promptement un hôtel pour s'y sécher
et s'y réconforter. C'était précisément sur cet
empressement des voyageurs que comptaient
les Grenadins, qui disparaissaient dès qu'il les

avait déposés sur le sol. On ne tardait pas à
s'apercevoir, une fois rendus à la Posada, mais
trop tard, de la dextérité de main de ces filous.
C'est ainsi qu'une dame qui avait bravement
enfourché son porteur, constata la disparition
d'une longue bourse contenant environ 4.000 fr.
en or ; le voleur, pendant qu'il la soutenait
d'une main au dessus des flots, la palpant de
l'autre et s'étant convaincu, au renflement de sa
poche, qu'elle devait contenir une somme importante, la lui avait adroitement fendue à l'aide
d'un instrument excessivement tranchant, et
l'avait ainsi dévalisée tout à son aise. Moi-
même, j'en fus pour la perte de mon revolver
qui me fut dérobé subtilement dans sa gaine,
malgré le bouton qui la fermait.

Nous nous étions tous retrouvés à l'hôtel de
la Louisiane dont la table abondante et la
passable cuisine nous dédommagèrent de l'ordinaire nauséabond qui nous avait été servi à
bord du vapeur américain pendant six jours de
traversée ; nous ne regrettâmes pas davantage
les dures couchettes de ses cabines.

Le lendemain il fallut, cela va sans dire,
visiter la ville, ce qui fut bientôt fait. Panama a
sans doute beaucoup progressé depuis lors,
mais quand nous y arrivâmes, c'était une ville

malpropre, sans pavage, obstruée partout de tas d'immondices pestilentiels que le soleil se chargeait seul de réduire en poussière, offrant à la vue des masures plutôt que des maisons, sans eau potable, brulée de rayons torrides, et joignant les miasmes délétères de ses rues aux chaudes et vénéneuses effluves qui émanaient des immenses forêts vierges qui couvraient l'isthme. Un joli tableau, comme on voit! C'était, en effet, un des plus dangereux climats qui fussent alors connus, le vrai foyer du *Vomito negro*, ce frère jumeau de la fièvre jaune !

Une chose me frappa d'admiration, mais les Grenadins n'y étaient pour rien, car le hasard seul s'était chargé de les doter d'une merveille qu'on ne pouvait oublier quand on l'avait, comme moi, longtemps contemplée. Au sommet et sur l'une des faces latérales de la vieille tour carrée de la cathédrale, environ à six pieds au-dessous de la plate-forme, poussait obliquement un arbre très feuillu, très vivace, dont un souffle d'orage avait sans doute un jour déposé la semence dans une crevasse de l'antique muraille. On aurait dit un immense plumet ondulant sur un casque gigantesque! Si les tempêtes ne l'ont pas déraciné, cet arbre doit être maintenant gros comme le corps d'un homme.

Nous étions pressés de quitter une ville si peu remplie de charmes pour gagner Aspinwall, aujourd'hui Colon, de l'autre côté de l'isthme. C'était un voyage fort pénible et qui n'était pas exempt de périls nombreux. Le pire de tous était la mauvaise chance de rencontrer une bande de Bandoleros qui infestaient alors la seule route praticable, et qui, présumant avec assez de raison que ceux qui revenaient de Californie y avaient amassé une certaine fortune, pillaient et assassinaient impitoyablement les caravanes de voyageurs qui n'étaient pas en force pour se défendre. Tous mes compagnons avaient en effet sur eux des sommes importantes; moi, j'étais l'exception confirmant la règle !

Nous avions fait marché avec des muletiers pour nous conduire jusqu'à Cruces, à travers la chaine des Cordillières. Là, nous devions descendre le Rio de Chagres jusqu'à Barbacova dans des canots ramés par des nègres, et prendre enfin, jusqu'à Aspinwall, le tronçon de chemin de fer, quatre lieues environ sur vingt-quatre, que les Américains avaient déjà mis en exploitation. Nous prévînmes nos guides, avant le départ, qu'au premier signe suspect, nous leur brûlerions sans sourciller la cervelle, et cette menace n'était pas inutile, car il était avéré

que ces muletiers s'entendaient avec les Bandoleros pour les aider à dépouiller leurs victimes.

Nous nous mîmes donc en route par une
splendide matinée d'octobre, bien armés et surtout bien résolus à défendre chèrement notre
vie si elle était attaquée. J'avais dû acheter, à
Panama, un nouveau colt de gros calibre, fort
ordinaire, au prix mignon de deux cents
francs !

S'il est au monde un chemin pittoresque et
scabreux, c'est celui où nous nous engageâmes
après avoir traversé la plaine marécageuse qui
sépare Panama du pied des Cordillières.

C'était l'ancienne chaussée que suivaient les
convois chargés de transporter à Chagres, à
destination de l'Espagne, les tonnes d'or que les
galions avaient amenées d'Acapulco à Panama.

Une fois engagés dans la montagne, nous ne
vîmes plus devant nous qu'un long boyau, tantôt grimpant, tantôt s'inclinant, presque partout taillé à main d'homme, étranglé entre d'in-
terminables parois de rochers couverts d'une
végétation rabougrie et humide, où, depuis des
siècles, le sabot des mules avait creusé des
trous dans lesquels nos montures étaient for-
cées d'emboîter le pas. C'était une pénible che-

vauchée, je l'affirme, et les ondulations désagréables que le cavalier éprouve sur le dos d'un chameau ne sont rien en comparaison des brusques et douloureux soubresauts que nous ressentions en montant, et surtout en descendant ces terribles échelles de pierre.

Un de ces cahotements inattendus fut cause d'un incident qui aurait pu avoir pour moi des suites funestes. J'avais lâché la bride sur le cou de ma mule pendant une descente, et je m'apprêtais à allumer un cigare. Tout à coup, la maudite bête, manquant du sabot le trou où elle devait mettre sa jambe, glissa jusqu'au trou suivant et m'imprima une oscillation violente qui m'aurait peut-être désarçonné, si je n'avais eu le temps d'étendre vivement mon bras gauche vers la paroi des rochers qui nous enserraient, et m'y appuyant du poing fermé, je parvins facilement à me remettre en selle. Malheureusement dans ce mouvement instinctif, le revers de ma main avait rencontré une petite touffe de plantes vivaces que la force de la pression avait écrasées et dont le suc avait pénétré les pores de ma peau. Je n'y fis guère attention sur le moment. Cependant, le soir, au campement où nous parvînmes à la nuit, je commençai à éprouver des picotements et

une chaleur intense dans tout le bras. Cela
dura tout le lendemain et la nuit suivante, et
quand nous prîmes le chemin de fer à Barbacova, une enflure générale se déclara. Cette partie de mon corps devint complètement engourdie
et entre les doigts de ma main s'ouvrirent des
crevasses d'un vilain aspect d'où suintait un
liquide sanguinolent et visqueux. Ces symptômes n'étaient pas rassurants, mais je ne m'en
émus pas outre mesure, comptant que la
vigueur de ma constitution qui m'avait déjà
tiré de plus d'un mauvais pas, triompherait
encore de ce désagréable accident. Je me contentai, pendant les quelques jours que nous
passâmes à Aspinwall, de laver presque continuellement mes plaies avec de l'eau fraîche
saturée de jus de limon, et quand je m'embar-
quai pour New-York, j'étais à peu près guéri.
Si j'ai cru devoir citer cet épisode, c'est que j'ai
voulu montrer quelle est la puissance toxique
incroyable de la plupart des plantes de ces
pays tropicaux.

Je reprends mon récit.

Au bout de notre première journée, nous fîmes halte dans une chétive localité dont le nom
m'échappe, composée de cinq ou six huttes en
bambou, recouvertes de feuilles de bananier

desséchées. Il ne fallait pas songer à poursuivre notre chemin par les ténèbres, cela eût été très dangereux ; d'ailleurs, cette étape de début nous avait considérablement fatigués et nous avions besoin de repos. Nous convînmes donc de coucher dans cet endroit.

Les muletiers désharnachèrent leurs bêtes et nous apportèrent les selles qui devaient nous servir d'oreillers. Nous prîmes un frugal repas, et chacun, se roulant dans sa couverture, ne tarda pas à s'endormir.

Nous n'avions pas manqué, on le pense bien, de prendre des précautions. Trois d'entre nous furent chargés de veiller, le revolver en main, jusqu'à la moitié de la nuit, où trois autres sentinelles devaient les remplacer jusqu'au jour naissant ; et pour plus de sûreté, nous avions obligé nos quatre guides, à leur grand mécontentement, à coucher au milieu du cercle que nous avions formé et où brûlait un feu de bois sec et résineux. Nous étions une vingtaine de gaillards solides et déterminés, il est vrai, mais nous ne recherchions plus les aventures et nous voulions rester sur nos gardes. Bien nous en prit, car vers une heure du matin, un coup de feu éclata tout à coup à nos oreilles et nous fûmes lestement sur pieds. C'était un de nos

guides précisément, nommé Ruiz, qui se glissant entre les dormeurs et rampant jusqu'à la
porte de la cabane, allait disparaître, lorsque
notre vedette l'aperçut et lui envoya une balle
en plein dos au moment où il se relevait pour
s'enfuir. Nous allumâmes des baguettes d'aloès
pour nous rendre compte de ce qui s'était
passé et nous trouvâmes ce gredin étendu sans
vie à dix pas de la hutte. Ses trois compagnons
étaient glacés de terreur, et se jetant à nos genoux pour nous supplier de les épargner, ils
nous avouèrent le complot que la mort de Ruiz
leur faisait supposer que nous avions découvert. Ce Ruiz était tout bonnement le chef
même de la troupe des Bandoleros qu'on nous
avait signalés, et s'il avait tenté de s'échapper
c'était pour aller chercher ses hommes, cachés
dans un ravin à un mille environ de la route,
Le coup était donc manqué.

Le jour vient vite dans ces régions ; vers deux
heures, l'aube se montra. Heureux d'avoir pu
éviter une fâcheuse rencontre avec la bande de
Ruiz, nous bûmes le coup du matin et nous
nous apprêtâmes à garnir nos mules.

Comme je soulevais la haute selle sur laquelle
j'avais appuyé ma tête pendant mon court sommeil, je vis dessous, lové sur lui-même un af-

freux serpent sombre, que la chaleur de la flanelle qui en doublait l'intérieur, avait sans doute attiré à travers l'espacement des bambous de la palissade, et qui avait été, pendant quelques heures, mon camarade de lit. Je lui broyai la tête avec le talon de ma botte, avant qu'il pût se réveiller, remerciant Dieu d'avoir échappé à un péril bien plus grand que celui des Bandoleros, car c'était un serpent fer de lance et je n'avais pas à mes côtés un Vacotah qui put me sauver, comme à San-Andrea.

Nous enfourchâmes nos montures, après avoir attaché toutefois les trois guides sur leurs mules respectives, de peur de nouvelle alerte, et nous reprîmes notre voyage; il s'acheva sans encombre jusqu'à Cruces.

Cette misérable bourgade, insalubre au premier chef, n'avait rien qui put nous retenir. La température y était effroyable, on buvait, pour ainsi dire, la vapeur humide et chaude qui s'exhalait du sol et tout le corps était envahi par un affadissement précurseur des plus tristes complications. Nous frêtames donc un grand nombre de petites pirogues où un seul passager pouvait prendre place, et nous nous lançâmes bravement sur le Rio de Chagres.

J'allais mettre le pied sur le bord de mon

embarcation, quand j'eus le malheur d'apercevoir, sur la plus grosse branche d'un arbre voisin, un magnifique iguane et je ne pus résister au plaisir de le tirer.

L'animal tomba, et comme, après l'avoir ramassé, je revenais vers ma pirogue, je remarquai une agitation extraordinaire parmi mes deux rameurs ; ils poussaient des cris rauques, faisaient de grands gestes et s'apprêtaient à quitter la rive, en m'y abandonnant. J'épaulai mon fusil et les menaçai de leur lâcher mon second coup s'ils n'attérissaient pas à l'instant même pour que je pusse m'embarquer.

Ils obéirent avec une répugnance manifeste, et après avoir rechargé mon arme, je sautai dans la frêle nacelle et je rattrapai bientôt mes compagnons qui ne m'avaient pas attendu.

J'ouvre une parenthèse pour dire que l'iguane, qui n'est autre que le caméléon, est une bête à l'aspect repoussant, mais dont la chair est tout simplement délicieuse, ce dont je m'assurai d'ailleurs le soir même en arrivant à Barbacova. Les nègres métis qui peuplent ce côté de l'Isthme l'ont en grande vénération et se croient efficacement protégés si le hasard en conduit un près de leurs cabanes.

Me voilà donc filant comme une flèche sur

un cours d'eau excessivement torrentueux et
coupé fréquemment par des tourbillons offrant
le plus terrible danger. L'habileté des rameurs
consiste précisément à se tenir toujours sur la
lisière de ces entonnoirs mortels, car au-delà
d'une certaine zône la pirogue serait irrésisti-
blement aspirée et disparaîtrait, en tournoyant,
au fond du gouffre. J'avais été prévenu de ce
péril extrême et je ne perdais pas de l'œil mes
rameurs dont je connaissais maintenant les
mauvaises dispositions.

Je savais en outre que plus d'un Européen
avait déjà perdu la vie dans ces cruels abîmes,
dont les nègres parvenaient toujours, eux, à se
tirer, grâce à leur prodigieux talent de natation.
J'avais cru remarquer que la pirogue frôlait
quelquefois de trop près la frange d'écume que
formait le remous des tourbillons, et je prévins
mes hommes, qu'au risque de périr moi-même
après, je les fusillerais tous deux sans pitié
s'ils continuaient ainsi à défier le danger. Ils
avaient vu de quelle façon expéditive j'avais
dépêché l'iguane, malgré ses sauts de branche
en branche, et ils comprirent que je tenais leurs
jours au bout de mon fusil. Ils quittèrent donc
le courant, et se mirent à côtoyer le rivage, ce
qui nous fit perdre de la vitesse et me sépara

assez largement de mes compagnons. Mais les
chenapans avaient leur projet qu'ils ne tardèrent pas à réaliser, car au prochain coude du
torrent ils profitèrent de la première langue de
terre pointant dans son lit, pour s'y élancer avec
la légéreté de l'oiseau et ils disparurent promptement à travers le fouillis inextricable des arbustes qui faisaient au Rio de Chagres comme
une muraille mobile. J'essayai bien d'ajuster
ces deux misérables, mais il me fut impossible
de trouver un point de mire.

On voit ma position; elle manquait de charmes. Que faire? Il ne fallait pas songer à reprendre le fil de l'eau, car, malgré que je
maniasse parfaitement les avirons, j'aurais été
infailliblement englouti. Je continuai donc à
longer la côte, et quand, après avoir doublé le
cap étroit sur lequel mes rameurs avaient si
lestement pris pied, je pus apercevoir la petite
flottille de mes amis éloignée d'un mille à peu
près, je me livrai à une véritable fusillade pour
attirer leur attention. Ce moyen me réussit,
heureusement. Ils firent dresser les rames pour
m'attendre, et un quart d'heure après j'étais au
milieu d'eux, plein de reconnaissance envers le
Tout-Puissant qui venait de me sauver, une
fois de plus, d'une mort imminente et affreuse,

car j'ai oublié de dire que les bords du Rio de Chagres sont infestés de caïmans monstrueux, ce qui le rend doublement perfide à ceux qui s'aventurent sur ses eaux. On prit ma pirogue à la remorque.

Nous couchâmes à Barbacova, et le lendemain, à la première heure, nous montions dans le train qui devait, au bout de seize kilomètres, nous déposer à Aspinwall.

Nous avions cru que tous nos ennuis cesseraient dans ce port. Quelle erreur! La fièvre jaune y faisait rage et le bateau à vapeur *United States*, dont le chargement n'était pas complet, ne devait prendre la mer que dans six jours. Nous perdîmes là plusieurs de nos compagnons. J'eusse peut-être partagé leur sort, si le départ avait été encore ajourné, car je me sentais pris de continuels frissons de fâcheux augure, dégoûté de tout, ne mangeant plus, mais dévoré d'une soif ardente. Par bonheur, le sixième jour au soir nous dérapâmes.

Je me hâtai de gagner ma couchette dans l'entrepont, — je n'avais pu prendre que la 3e classe! — et après une nuit d'un sommeil de plomb, je me levai frais et dispos et montai sur le pont pour respirer la pure brise de la mer. Là, je m'aperçus que si j'avais retrouvé la santé,

j'avais perdu autre chose. Pour la seconde fois,
on m'avait *fait* mon revolver et il m'était impossible d'accuser quelqu'un, au milieu du
ramassis d'êtres grossiers qui avaient dormi à
mes côtés.

Nous relâchâmes à Kingstown, capitale de
l'île de la Jamaïque. Je n'aurais rien à en dire
de particulier, si je n'y avais été frappé du
spectacle le plus saisissant que j'aie jamais
observé dans mes voyages.

Nous nous présentâmes devant le port vers
dix heures du soir, et comme l'entrée en est fort
difficile, nous stoppâmes, pendant que le capitaine faisait tirer des fusées pour signaler notre
arrivée et demander un pilote. Il se fit longtemps attendre. Enfin, vers minuit, étant monté
à bord et ayant donné l'ordre aux gens de son
canot de nager devant le steamer et d'éclairer
le chemin avec de grosses torches, nous reprîmes doucement notre route. J'étais sur le pont,
comme tout le monde, écarquillant mes yeux
et me demandant si j'étais pourtant bien éveillé,
car le phénomène le plus étrange se passait
sous nos pieds. A la lueur très vive des falots
et au milieu de la transparence extraordinaire
de la mer, toute une ville nous apparaissait
avec ses rues, ses places, ses maisons, ses mo-

numents. Quel était ce prodige? Était-ce un
mirage nocturne qui faisait se refléter dans
l'eau la silhouette de Kingstown qui dormait
au fond du port et dont nous entrevoyions les
lumières ? Notre canot éclaireur tantôt suivait
une rue en droite ligne, tantôt se détournait à
droite ou à gauche pour éviter le sommet élevé
de quelque édifice sur lequel le vapeur, ayant
un fort tirant d'eau, aurait pu venir se heurter.
J'essayai, et bien d'autres avec moi, d'interroger
le capitaine et le pilote, mais tout entiers à leur
manœuvre délicate, ils nous envoyèrent proprement promener par un *Let me quiet, sir!*
énergiquement articulé. Enfin, après une heure
d'un trajet rempli de précautions, nous pûmes
nous amarrer au quai de la ville. Malgré que la
nuit fut avancée, personne ne s'était couché, et
le jour naissant retrouva presque tous les passagers sur la dunette. Je sautai à terre, je courus vers une taverne voisine qui venait d'ouvrir
sa porte, et en dégustant un Sherry-Cobler, je
me fis expliquer par le *landlord* l'énigme qui
me tourmentait. Il y avait un siècle environ,
m'apprit ce brave homme avec une extrême complaisance, qu'un affreux tremblement de terre
avait ébranlé l'île sur ses bases; la mer, secouée
par la force de cette terrible commotion, s'était

subitement retirée au large, et revenant ensuite sur elle-même avec l'impétuosité d'un ouragan, elle avait envahi, dans un raz-de-marée irrésistible, la ville de Kingstown, passé par dessus et couru jusqu'au pied des montagnes qui bornaient l'horizon. Puis, le flot s'était peu à peu abaissé, laissant la vallée remplie d'algues et de fucus, mais s'était hélas ! arrêté à la hauteur de la ville bâtie trop en contrebas, la submergeant en entier et déplaçant ainsi la limite du rivage. Des milliers d'habitants périrent dans cet épouvantable cataclysme. Mais bientôt une nouvelle capitale s'éleva à côté de l'ancienne, dans des conditions meilleures de défense contre le retour possible d'une seconde catastrophe ; c'est celle que l'on voit aujourd'hui.

Nous quittâmes Kingstown pour mettre le cap sur New-York, terme de notre traversée, ou nous arrivâmes trois jours après.

Ici se place le dernier épisode de mon existence agitée ; il vaut, je crois, la peine d'être raconté.

Des fameux quinze cents francs que j'avais gagnés au Monte, à San-Francisco, et qui me paraissaient plus que suffisants pour atteindre la France confortablement, il me restait, en débarquant dans la grande cité américaine, juste une piastre et demie, soit sept francs cinquante centimes, ni plus ni moins ! En outre, j'étais vêtu complètement en nankin et coiffé d'un large panama ! Je n'avais même plus ma couverture de voyage qu'on m'avait, comme mon revolver, adroitement subtilisée à bord ! Or, on était au mois de novembre, et l'hiver était déjà si rigoureux cette année là que les rues n'offraient partout que neige glacée sur laquelle ne circulaient plus que des traîneaux. O puissance de la jeunesse ! Avais-je froid ? Je ne l'affirmerais pas. J'étais préoccupé d'une autre question bien plus importante que celle de la température, c'était de savoir où j'irais prendre gîte et table ! M'abandonnant au Dieu des bonnes gens, je suivis bravement mes amis et j'entrai sur leurs pas dans un hôtel de Beekman Street que tenait, depuis vingt ans, un français nommé Mataran.

Dans tout autre pays que les États-Unis, où l'on s'étonne difficilement, l'hétéroclite costume que je portais, par un froid de quinze degrés au-dessous de zéro, eut provoqué une hilarité universelle. Ici, il n'en fut rien et je passai tout à fait inaperçu au milieu de la société nombreuse qui entourait le Bar de l'établissement. Seul, M. Mataran, qui en avait vu bien d'autres, ne

put se défendre d'un léger sourire qui vint
plisser ses lèvres.

Quoiqu'il put penser, il ne me demanda rien,
cependant. Je suivis donc mes amis dans le
Dining-Room, où nous fut servi un plantureux
repas auquel je fis amplement honneur, et je
gagnai ensuite ma chambre, où dans un lit
douillet, je passai une nuit excellente, la première depuis vingt-deux jours que j'avais quitté
la Californie.

Dès le lendemain, en homme qui n'a jamais
aimé les fausses situations, j'attaquai franchement le taureau par les cornes, et prenant à
part le bon M. Mataran, je le mis loyalement
au courant de la précariété de ma position présente. Je lui dis que j'avais en France des fonds
disponibles, mais qu'il fallait attendre que ma
mère m'envoyât la somme nécessaire à mon ra-
patriement, et je le priai finalement, s'il avait
confiance en moi, de m'ouvrir jusque là un crédit dans son hôtel. Il me laissa parler sans
m'interrompre, mais sans cesser de scruter
l'expression de mon visage de son petit œil noir
de Béarnais, et satisfait sans doute de son examen, il me tendit la main et ne me répondit
que ces seuls mots en anglais *All right, Sir !*

J'étais désormais de la maison. Dès le jour

même, je fis un premier emprunt à la caisse et je me hâtai de courir dans un store de Wall Street, d'où je ressortis bientôt vêtu de pied en cap comme un boyard et prêt à défier toutes les rigueurs de la saison.

Je restai trois mois à New-York sans que l'hospitalité de M. Mataran se démentit un seul instant, et je le quittai, emportant de sa bonté un souvenir qui ne s'est jamais effacé.

Je pris passage sur le *Humboldt*, et après une traversée de onze jours, très dure et presque dangereuse, j'aperçus au loin, dans la brume, la tour blanche du phare du Hâvre, où je débarquai bientôt, après trente mois d'absence, et avec l'indicible joie que le lecteur peut se figurer.

FIN.

TABLE DES MATIÈRES

Paris. — Imp. du Fort-Carré, 19, Chaussée d'Antin (A. Duroy, Dʳ) 7.452-6.

ŒUVRES DE
JEAN RICHEPIN

POÉSIE

La Chanson des Gueux. . . . . . . 1 vol.
Les Caresses . . . . 1 vol.
Les Blasphèmes . . . . 1 vol.
La Mer. . . . . 1 vol.

PROSE

Madame André. . . . . 1 vol.
La Glu. . . . . 1 vol.
Miarka la fille à l'ourse. . . . . . 1 vol.
Quatre petits romans. . . . . . . 1 vol.
Les Morts bizarres. . . . . 1 vol.
Le Pavé . . . . 1 vol.

THÉATRE

La Glu. . . . . 1 vol.
Nana-Sahib. . . . . 1 vol.
Monsieur Scapin (sous presse). . . 1 vol.

AVIS

Les œuvres complètes de Jean RICHEPIN sont publiées comme suit :

1º Une édition courante, grand in-18 jésus, à 3 fr. 50 le vol. Toutes les œuvres, *Poésie* et *Prose*, ont paru dans ce format.

2º Une édition de luxe, papier teinté, petit in-12, tirage restreint, à **6 fr.** le volume.

Ont déjà paru dans cette édition : *La Chanson des Gueux, Les Caresses, Les Blasphèmes, La Glu* et *Le Pavé.* — Le reste suivra prochainement.

3º Le Théâtre, qui est publié : 1º en petit in-8°, à **4 fr.** le volume ; 2º en gr. in-18 jésus, à 2 fr. le volume

En outre, il est fait des œuvres poétiques une édition de bibliophile, véritable chef d'œuvre typographique, de Ch. Hérissey, dans le format grand in-4° carré ; tirage à 500 exemplaires numérotés, aux prix de 20 fr. le volume sur vélin, — 40 fr. sur Hollande, — 60 fr. sur Whatman et — 80 fr. sur Japon.

Ont déjà paru dans cette édition : *La Chanson des Gueux, Les Blasphèmes* et *La Mer.* — En préparation : *Les Caresses* et *Le Théâtre en Vers.*